INHALT

Vorwort

Wenn man seinen SchülerInnen etwas nahe bringen will, muss man selbst davon überzeugt sein, man muss „dahinterstehen", man muss helfen und beraten können. Schülerinnen und Schüler sind sensibel, sie erkennen ihr Engagement. Eine Vorbereitung, so kurz sie auch immer sein mag, sollte auch immer eine praktische Vorbereitung sein, zumindest dann, wenn eine neue Technik, neue Materialien oder neue Problemstellungen anstehen. Eine solche Vorbereitung entspannt hoffentlich, Sie erfahren Möglichkeiten und Schwierigkeiten, Sie wissen also, was Sie Ihren Schülerinnen und Schülern abverlangen.

Unterricht in der Primarstufe ist oft auch Unterricht in Zusammenhängen, ohne Klingel, ohne ausgeklügeltes Fachlehrersystem. Das ermöglicht Freiräume, hat aber auch Abhängigkeiten. Viele der vorgestellten Aufgaben lassen sich thematisch oder technisch verändern und den jeweiligen Zusammenhängen oder Arbeitsgebieten anpassen.

Arbeiten im dreidimensionalen Bereich sind zwar durch das Sammeln, Aufbewahren, Einsetzen und Präsentieren der Materialien etwas aufwändiger als zeichnerische oder malerische Arbeiten. Sie bieten aber für viele Schülerinnen und Schüler eine willkommene Abwechslung im Schulalltag, vor allem hinsichtlich der nicht gerade alltäglichen handwerklich-technischen Vorgehensweisen. Dabei sollten neben den unterschiedlichen Herstellungstechniken auch fachlich orientierte Themen- und Problemstellungen berücksichtigt werden. Auf überfachliche und fächerverbindende Vorhaben kann hinsichtlich der Aufgabenstellung flexibel reagiert werden.

Auch im Kunstunterricht, in der bildenden Kunst oder wie das Fach auch heißen mag, soll etwas dazugelernt, sollen Erfahrungen gemacht, soll die Wahrnehmung verfeinert, kreatives Verhalten gefördert werden. Solche Zielsetzungen verlangen einen Unterricht, der nicht nach dem Motto „Vormachen-Nachmachen" abläuft, sondern der Freiräume zum praktischen Experimentieren und Erproben schafft, der Problemstellungen aufzeigt, der unterschiedliche Lösungen zulässt und der vielfältige Aspekte der künstlich und künstlerisch geschaffenen Umwelt bewusst einbezieht.

Schülerinnen und Schüler brauchen auch im Kunstunterricht Anhaltspunkte und Orientierungshilfen. Deshalb sind Kunst- und Werkbetrachtungen unverzichtbare Bestandteile dieses Unterrichts. Kunstwerke sind fast nie eindeutig, unterschiedliche Auffassungen können gebildet und erörtert werden. Dabei sind kulturelle, soziale, politische und historische Kontexte nur sparsam und altersstufengerecht zu berücksichtigen. Einsetzbare Kunstwerke mit Bezugsquellen und andere Objekte zur Betrachtung werden genannt. Es können natürlich auch ähnliche Werke von anderen KünstlerInnen eingesetzt werden. Gerade im plastischen Bereich sind praktisch erfahr- und wahrnehmbare Originale im Heimatort besser als zweidimensionale Abbildungen.

Die Angabe der Klassenstufe dient lediglich der groben Orientierung und die Zeitangaben sind Erfahrungswerte, die sich ausschließlich auf die Dauer der praktischen Arbeit, also ohne Einführungen, Zwischen- und Schlussbesprechungen beziehen.

Das Material ist in der Regel nicht teuer. Wichtig dabei ist, dass Sie mittel- und längerfristig alles sammeln lassen, was für den Unterricht Verwendung finden könnte. Kunstunterricht „lebt" vom Material. Unterschiedliche Materialien bringen Abwechslung, neue Ideen und Herausforderungen.

Die jeweiligen bildnerischen Probleme sind in den Zielsetzungen formuliert. Ab und zu verraten auch schon die Motivstellungen, worauf es ankommt. Auf Beurteilungskriterien und Vorschläge zur Stundengestaltung wurde bewusst verzichtet. Zum einen ist individuelle und gemeinschaftliche Rückmeldung wichtiger als Beurteilung. Zum andern sollten Sie für Ihre bestimmte Klassensituation, eventuell sogar mit Ihren Schülerinnen und Schülern, ein, zwei oder drei Beurteilungskriterien festlegen können. Vermeiden Sie ein „Nachschieben" vorher nicht bekannt gemachter Beurteilungskriterien!

Auch Kunstunterricht soll Abwechslung bieten, deshalb finden Sie hier keine Vorschläge zur Unterrichtsgestaltung. Einmal kann am Anfang eine Motivationsgeschichte (Märchen, Geschichten aus Vergangenheit, Gegenwart und Zukunft usw.) stehen, dann ein Bild (Kunstwerk, Plakat, Poster, Folie, alte Schülerarbeit, Objekt), ein (bildnerisches) Problem, eine Technik, Materialien, ein Erkundungsgang, ein Fernseh- oder Filmerlebnis, eine neue Plastik im Park, ein eingerüstetes Gebäude, Aspekte eines anderes Faches usw.

Ich wünsche Ihnen und Ihren SchülerInnen viel Spaß, anregendes Arbeiten und Erfolg!

Manfred Kiesel

ZIELVORSTELLUNG

Aus Schaschlikstäben, Bierfilzen, Kartons und Dekomaterialien im weitesten Sinne soll eine kleine Stabspielfigur hergestellt und ausgestattet werden. Dabei sollen einfache Schneide-, Verbindungs- und Maltechniken gelernt und eingesetzt werden.

MATERIAL

- dünner Holzstab/Schaschlikstab, runde Bierfilze, Karton- und Tonpapierreste
- Schere, Klebstoff, eventuell Klebeband
- Dekomaterialien wie Woll-, Stoff-, Krepppapier- oder Fellreste
- eventuell Wasser- oder Dispersionsfarben, Borstenpinsel oder dicke Farbstifte

ARBEITSWEISE

1. Für die Stabfigur wird eine Kopfform ausgesucht bzw. ausgeschnitten.
2. Der dünne Holzstab wird auf die Kopfform geklebt und zusätzlich mit aufgeklebten Papierresten fixiert.
3. Die Schüler sollten zunächst eigene Gestaltungsmöglichkeiten entwickeln.
4. Anbringen weiterer Ausstattungsteile.
5. Bemalen des Objekts.
6. Entwickeln und Gestalten einfacher Spielszenen.

ZEITAUFWAND

mit Bemalung mindestens eine Stunde

HINWEISE/TIPPS

- Für diese Arbeit ist eine Materialtheke mit diversen Ausstattungsmaterialien sinnvoll.
- Entwickeln und Vorstellen grundlegender Kopftypen (Kreis, Oval, Ei, Birne, Quadrat, Rechtecke, Dreiecke (z. B. mit einer Spitze nach unten oder mit einer Spitze nach oben).
- Verschiedene Gesichtsausdrücke durch Mundstellung.
- Einwickeln des Stabes bzw. der Spielhand mit Papieren oder Stoffresten.

WERKBETRACHTUNG

- Schülerarbeiten
- Einsatz der Figuren im Spiel

COOL
COOL

ZIELVORSTELLUNG	Aus mitgebrachten handelsüblichen Spielbausteinen soll ein fantasievolles oder ein funktional orientiertes Bauwerk hergestellt werden.
MATERIAL	- Duplo-, Lego- oder andere Spielbausteinsysteme aus den Beständen Ihrer SchülerInnen - entsprechende Grundplatten oder Grundplatten aus Pressspan
ARBEITSWEISE *Einzelarbeit* *Partnerarbeit*	1. Vorstellen unterschiedlicher Bausysteme. Die SchülerInnen berichten über ihre bisherigen Bautätigkeiten. 2. Gemeinsames Finden von besonderen Gebäuden (fantasievolle Gebäude, multifunktionale Gebäude). 3. Bauen und Besichtigen. 4. Abbauen und Aufräumen.
ZEITAUFWAND	circa eine Stunde
HINWEISE/TIPPS	- Bauvorschläge sammeln, eventuell unterschiedliche Bauaufgaben anregen. Zum Beispiel: ● ungewöhnlicher Wohnturmbau ● Gebäude mit Innenhof/Innenhöfen ● Etagenbau, Brückenbau ● Versteckbau ● Gebäude mit vielfältigen Überdachungen ● Wohnschiff ● Vieleckbau ● noch nicht fertiger Bau - Möglichst an einzelnen Tischen arbeiten lassen, damit keine Baumaterialien verloren gehen oder vertauscht werden. - Fotografieren der Bauten mit den kleinen Architekten.
WERKBETRACHTUNG	- Schülerarbeiten.

ZIELVORSTELLUNG	Herstellen eines reliefplastischen Bildes. Aus bunten Eisstäbchen wird ein Zaun nach bestimmten Farbabfolgen aufgeklebt. Die Szene im Hintergrund wird gemalt und eventuell mit kleinen Objekten oder reliefplastischen Teilen ergänzt. Anwenden einfacher Klebetechniken.
MATERIAL	- ein möglichst stabiler Karton (Rückseite Malblock) circa DIN-A3-Format - bunte Eisstäbchen oder bunte Flachstäbe - Klebstoff, eventuell doppelseitiges Klebeband - Wasser- oder Dispersionsfarben, Borstenpinsel 8–10 - eventuell w eitere Dinge zur Ausstattung (Papiere, Watte, Naturmaterialien, ausgediente Spielzeugteile usw.)
ARBEITSWEISE	1. Skizzieren eines Motivs. Eine Hilfslinie für die Höhe des Zauns einzeichnen. 2. Malen des Hintergrunds. 3. Auswählen der Zaunfarben, Erproben und Festlegen einer Farbabfolge. Aufkleben der Stäbchen von links nach rechts oder umgekehrt. 4. Auf den inzwischen getrockneten Hintergrund können bei Bedarf kleine Ausstattungsteile aufgeklebt werden.
ZEITAUFWAND	circa 2 Stunden
HINWEISE/TIPPS	- Einführung durch Motivationsgeschichte - Aussehen, Funktionen und Wirkungen von Zäunen. - Mit den dünneren und schmaleren Flachstäben kann in höheren Klassen ein teilweise zerbrochener Zaun (zerstörte Ordnung) realisiert werden. - Alternativ können zuvor unbemalte Eisstäbchen nach eigenen Farbwünschen bemalt werden.
WERKBETRACHTUNG	- Schülerarbeiten - Abbildungen von Zäunen, Zäune in der näheren Umgebung

ZIELVORSTELLUNG	Aus Holzbausteinen sollen unterschiedliche Bauten errichtet werden. Einfache Stabilitäts- und Gestaltungsgesichtspunkte werden dabei erfahren.
MATERIAL	- Holzbausteine aus den Beständen Ihrer SchülerInnen (eventuell können aus Abfallhölzern Bausteine selbst bemalt werden) - eventuell Grundplatten zum Bauen aus Pressspan, Holz oder Sperrholz - zusätzliche Bauelemente aus Holzlatten, Sperrholz- o. ä. Material
ARBEITSWEISE *Einzelarbeit* *Partnerarbeit*	1. Vorstellen des Baumaterials. Die SchülerInnen berichten über ihre bisherigen Bautätigkeiten. 2. Gemeinsames Finden von Bauaufgaben und besonderen Gebäuden. 3. Bauen und Besichtigen. 4. Abbauen, Aufräumen.
ZEITAUFWAND	circa eine Stunde
HINWEISE/TIPPS	- Bauvorschläge sammeln, eventuell unterschiedliche Bauaufgaben anregen. Zum Beispiel: ● kühner Bau ● gerade noch im Gleichgewicht ● Brückenbau ● Turmbau - Vorsicht Einsturzgefahr ● Etagenbau, pyramidenartiger Bau, Ruine - Möglichst an einzelnen Tischen arbeiten lassen, damit keine Baumaterialien verloren gehen oder vertauscht werden. - Fotografieren der Bauten mit den kleinen Architekten. - Holzreste können zu Bausteinen zusammengesägt, mit Schleifpapier geglättet, mit Dispersionsfarbe und großem Borstenpinsel bemalt werden.
WERKBETRACHTUNG	- Schülerarbeiten - Breughel: Turmbau zu Babel - Baukastensysteme in der modernen Architektur - Aufbau einer Trockenmauer

ZIELVORSTELLUNG

Aus zusammengeknüllten und geformten Zeitungspapierseiten soll eine einfache Tanzpuppe hergestellt werden. Anschließend werden die Bewegungsmöglichkeiten erprobt und damit getanzt.

MATERIAL

- Zeitung
- Schere
- Schnur- oder Wollreste
- eventuell kleiner Holzstab o. Ä. zum Führen oder Aufhängen

ARBEITSWEISE

1. Die Zeitung wird so aufgeschlagen, dass einzelne Seiten entnehmbar sind.
2. Für den Kopf der Tanzpuppe werden eine bis maximal drei Seiten möglichst kompakt zusammengeknüllt.
3. An und stellenweise über den relativ stabilen Kopf werden nach und nach weitere Seiten (circa 3-6) als Gewand drapiert und jeweils im Halsbereich stark an- bzw. eingedrückt.
4. Die Papiere werden durch eine Schnur um den Halsbereich fest zusammengeschnürt und verknotet. Das Schnurende dient zum Halten der Puppe.
5. Das Gewand kann von unten eventuell stellenweise eingerissen oder streifenartig eingeschnitten werden.

ZEITAUFWAND

circa eine Stunde mit ersten Tanzversuchen

HINWEISE/TIPPS

- Ich empfehle eine Demonstration der möglichen Herstellungsweise, da diese anschaulicher ist als manche verbalen Erklärungsversuche.
- Die Tanzpuppe kann Gegenstand weiterer Aktionen sein: Einzeltänze, Gruppentänze, aktuelle Minihitparade, Tanz bei verdunkeltem Klassenzimmer mit Spotbeleuchtung u. Ä.
- die Tanzpuppe kann auch durch Farbaktionen im Freien weiter ausgestaltet werden: Flüssigfarben tropfen, Farben spritzen, Malen etc.
- Die gesammelten Tanzpuppen können als Art Gemeinschaftswerk an entsprechenden Vorrichtungen (großer Ast, Stange o. Ä.) hängend präsentiert werden.

WERKBETRACHTUNG

- Schülerarbeiten
- O. Schlemmer: Tanzfiguren aus dem Triadischen Ballett und andere fantastische Tanzkostüme

Galerie Baron
2-Zimmer-Wohnung
3-Zimmer-DG-Wohnung
Vermietung
Zugreif Preis
Familie
Weideplätze
Collie-Mix
Peter u. Susi

ZIELVORSTELLUNG	Aus Flachstäben sollen Flechtwerke erstellt und später in eine Spiellandschaft oder in ein Bauwerk integriert werden. Dabei sollen motorische Fertigkeiten und der sachgemäße Umgang mit Materialien gelernt werden.
MATERIAL	- farbige oder naturbelassene Flachstäbe - vorgefundene Grundplatten oder Spielflächen, Grundplatte aus Styropor (zum Einstecken) für eine eigene Spiellandschaft - Rundstäbe und Eisstäbe für kleine Bauwerke
ARBEITSWEISE *Einzelarbeit* *Partnerarbeit*	1. Vorstellen und Erproben des Materials. Die SchülerInnen berichten über ihre Erfahrungen und Bautätigkeiten. 2. Erproben von Flechtwerken mit unterschiedlichen Farbkombinationen. 3. Abklären weiterer Verwendungszwecke (Matte, Sichtschutz, Zaun, Zelt, Überdachung usw.). 4. Integration in eine Spiellandschaft oder ein selbst erstelltes Bauwerk.
ZEITAUFWAND	circa eine Stunde für mehrere Flechtwerke
HINWEISE/TIPPS	Neben Flechtwerken mit Flachstäben können auch weitere Flechtmaterialien erprobt, Möglichkeiten ihrer Verwendung erörtert, Material- und Formkontraste sowie Farbkontraste festgestellt werden. Zum Beispiel: - Papier- und Pappstreifen - Pfeifenputzerdraht kombiniert mit anderen Materialien - Stoffstreifen - dünne Weidenastabschnitte, Gräser u. a. Naturmaterialien
WERKBETRACHTUNG	- Schülerarbeiten und Flechtwerke aus dem Umweltbereich

ZIELVORSTELLUNG	Aus vorgefundenen Restmaterialien soll ein Geschicklichkeitsspiel selbst hergestellt und ausgestaltet werden. Dabei sollen einfache Schneide-, Verbindungs- und Maltechniken gelernt und eingesetzt werden.
MATERIAL	- ein Kinderschuhschachteldeckel, eventuell auch ein größerer, möglichst stabiler Schuhschachteldeckel - pro SchülerIn mindestens eine Klopapierrolle, eventuell auch kleine Pappstücke oder Streichholzschachteln - Schere, Klebstoff - Wasserfarben, eventuell weiße u. a. Dispersionsfarbe, Borstenpinsel - 1 bis 2 Glasmurmeln oder andere Kugeln
ARBEITSWEISE	1. Die Klorolle wird in der Mitte durchgeschnitten. 2. An den Schnittkanten werden jeweils mehrere „Burgzinnen" ein- und ausgeschnitten. 3. An der Unterseite des Burgturmes wird jeweils eine burgtorförmige Öffnung eingeschnitten, in die eine Glasmurmel hindurchpasst. 4. Die glatte Kante wird mit Klebstoff eingestrichen und auf den Kartondeckel geklebt. Eventuell können auch noch weitere Burgteile (kleine Schachteln) oder Burgruinenteile (als zusätzliche Hindernisse) aufgeklebt werden. 5. Bemalen des Objekts nach eigenem Geschmack. 6. Spielen: Eine oder zwei Glasmurmeln müssen durch Hin- und Herjonglieren in die beiden Öffnungen gebracht werden.
ZEITAUFWAND	mit Bemalung mindestens eine Stunde
HINWEISE/TIPPS	- Manche Schuhgeschäfte sind für die Abholung leerer Kartons dankbar. - Je größer der Deckel, desto mehr Aufbauten sind möglich. Die Bearbeitungszeit verlängert sich entsprechend.
WERKBETRACHTUNG	- Schülerarbeiten - Geschicklichkeitsspiele ähnlicher Art in unterschiedlichen Größen und Ausführungen

MULTITEX

ZIELVORSTELLUNG	Aus Karton, Pappe und stabilem Papier sollen unterschiedliche Bauten errichtet werden. Einfache Stabilitätsprobleme, Klebe- und Verbindungsmöglichkeiten sowie Gestaltungsgesichtspunkte werden dabei erfahren.
MATERIAL	- Pappstücke, Pappstreifen, kleinere Schachteln und Schachteldeckel, Karton, festes Papier - Grundplatte (stabiler Karton, Format circa DIN A3) - zusätzliche Bau- und Ausstattungselemente abhängig von der Themenstellung/Bauausführung (z. B. Puppenmöbel, kleine Figuren, Naturmaterialien, Teppichbodenreste, Stoffreste, Geschenkpapierreste usw.) - Schere und Klebstoff, etwas doppelseitiges Klebeband
ARBEITSWEISE *Einzelarbeit* *Partnerarbeit*	1. Vorstellen des Baumaterials, kurze Erörterung möglicher Bauweisen und Klebe- bzw. Verbindungstechniken. 2. Gemeinsames Finden von Bauaufgaben. 3. Bauen (Anordnen, Kleben, Verbinden, Zuschneiden). 4. Ausstatten der Bauten.
ZEITAUFWAND	je nach Ausstattung zwei bis drei Unterrichtsstunden
HINWEISE/TIPPS	- Bauvorschläge sammeln, eventuell unterschiedliche Bauaufgaben anregen. Zum Beispiel: ● Haus mit mehreren Balkons ● Gebäude mit Vorbauten ● Modernes Vielkastenhaus/verschachteltes Haus ● Hausboot mit Aufbauten ● Fliegendes Haus/Raumschiff ● Terrassenhaus, Turmhaus u. Ä. - Hinweise zur späteren Ausstattung.
WERKBETRACHTUNG	- Schülerarbeiten - eventuell Abbildungen unterschiedlicher Architekturbeispiele (ungewöhnliche Gebäudetypen)

ZIELVORSTELLUNG

Herstellen eines reliefplastischen Bildes. Farbige Spielhütchen werden einer Situation entsprechend als Lichtpunkte (farbige Glühbirnen) aufgeklebt. Die Szene im Umfeld wird mit kleinen reliefplastischen Objekten ergänzt und mit Schwarz oder sehr dunklen Farben bemalt.
Anwenden einfacher Anordnungen, Klebe- und Maltechniken.

MATERIAL

- ein möglichst stabiler Karton (Rückseite Malblock), circa DIN-A3-Format
- farbige Spielhütchen
- Klebstoff, eventuell etwas doppelseitiges Klebeband
- Pappstreifen, kleine Schachteldeckel, kleine Schachteln, dünne Holz- oder Kunststoffteile
- Wasser- oder Dispersionsfarben, Borstenpinsel 8–10

ARBEITSWEISE

1. Vorstellen einiger Gestaltungsmöglichkeiten aus dem Erfahrungsbereich der Schüler (Buchstaben, Zahlen, Zeichen, Figuren).
2. Eventuell Erproben der Zeichen/Figuren mit Hilfe eines Rasters.
3. Auswählen der farbigen Spielhütchen, Erproben und Festlegen einer Farbabfolge.
4. Aufkleben der Hütchen auf den Bildgrund bzw. auf einen separaten Karton oder einen stabilen Schachteldeckel.
5. Aufkleben der zusätzlichen Teile.
6. Bemalen des Umfeldes.

ZEITAUFWAND

circa 2 Stunden

HINWEISE/TIPPS

- Eigene Wahrnehmungen (Leuchtreklame, bunte Lichterketten, Leuchtweise, besondere Schaltungen usw. in Umwelt und Medien).
- Aussehen, Funktionen und Wirkungen der Lichtkonstellationen.
- Es können auch ausgewählte Bilder und Bildausschnitte mit Lichterketten „eingerahmt“ und damit hervorgehoben werden.

WERKBETRACHTUNG

- Schülerarbeiten

ZIELVORSTELLUNG	Herstellung kleiner Figuren mit verformbarem Material. Als Vorbilder und Anhaltspunkte können Tier- und Fantasiefiguren dienen.
MATERIAL	- Ton (pro SchülerIn ein Klumpen in circa Kinderfaustgröße) - Unterlage (kleine Papp-, Sperrholz-, Hartfaser-, Pressspan- oder Kunststoffplatte - Format max. DIN A4) - eventuell einfache Modellierwerkzeuge wie Pinselstil, Füllerkapsel, Bleistift, Nagel
ARBEITSWEISE	1. Formen mit den Händen aus einem Tonklumpen heraus. Das Ansetzen von Teilen sollte bei den ersten Formungsversuchen noch vermieden werden. 2. Anbringen von Mustern und Strukturen mit den Modellierwerkzeugen.
ZEITAUFWAND	für die reine Formungs- und Modelliertätigkeit mindestens 15 Minuten, bei differenziert ausgestalteten Tonreliefs mindestens eine Stunde
HINWEISE/TIPPS	- Als eine grundlegende Technik könnte das Formen aus einem Tonklumpen heraus angeregt werden. - Anregungen für fantastische Figuren können auch aus Geschichten, Märchen, Comics und Kinderfernsehsendungen stammen. - Ab Klasse 3 sind Tonreliefs möglich. Dabei werden auf einer runden, ovalen oder eckigen Grundfläche flache Tierfiguren in der Seiten- oder Profilansicht angebracht. Besondere Oberflächenmerkmale (Haut, Fell, Panzer) können entweder gedrückt und geritzt oder auch mit kleinen, speziell ausgeformten und angeschlickerten Tonteilchen gestaltet werden. - In Anlehnung an bekannte Jagdtrophäen aus alten Schlössern und Burgen können auch ungewöhnliche Tiertrophäen modellhaft realisiert werden. - Kompakte Tonfiguren müssen nicht unbedingt gebrannt werden.
WERKBETRACHTUNG	- Schülerarbeiten - Tierplastiken und Fantasiefiguren aus Kunst und Umwelt - Tierreliefs, Münzen

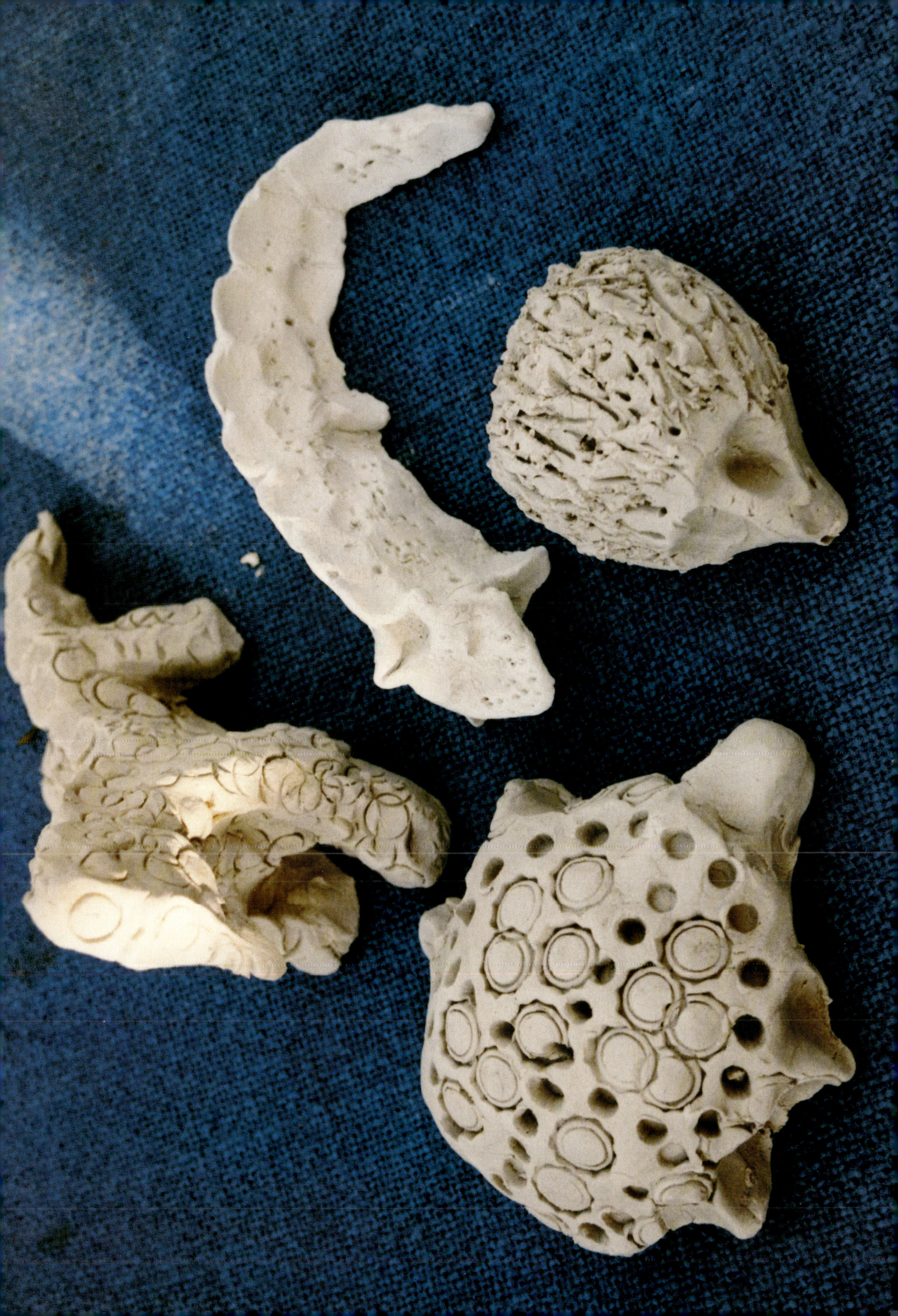

ZIELVORSTELLUNG	Seh- und Tasterfahrungen sollen gemacht und zu einem reliefplastischen Bild kombiniert werden.
MATERIAL	- Unterlage (Papp- oder Kartonstück, Rückseite Malblock o. Ä.), Format: circa DIN A3 - Bilder aus Illustrierten, Katalogen, Prospekten u. Ä. - kleine und flache Gegenstände mit unterschiedlichen Tastqualitäten (z. B. technische Teile, Naturmaterialien, Stoffe, Schleifpapiere usw.) - Schere, Klebstoff, etwas doppelseitiges Klebeband
ARBEITSWEISE *Einzelarbeit*	1. Ausschneiden der Bildteile, Aussuchen der Materialteile. 2. Probeweises Anordnen der Teile auf der Grundplatte. 3. Aufkleben der Teile.
ZEITAUFWAND	je nach Materialangebot und Format circa ein bis zwei Unterrichtsstunden
HINWEISE/TIPPS	- Verbindungen mit anderen Fächern, zum Beispiel: Leistungen der Sinnesorgane, Blindenschrift, Seh- und Tasterfahrungen, Sinnestäuschungen. - Eventuell Einrichten einer kleinen Materialtheke. - Hinweise zum Kleben und zum Umgang mit dem doppelseitigem Klebeband. - Einige Bildkonzeptionen sollten von den SchülerInnen vorgestellt und erörtert werden.
WERKBETRACHTUNG	- Schülerarbeiten - Blindenschriftbeispiele - Augentäuscherbilder, z. B. Hoogstraten: „Augenbetrüger-Stillleben“

KÖRPER/RAUM	MINIOBSTSCHALE MIT FRÜCHTEN	KLASSE 1-4

ZIELVORSTELLUNG	Herstellung kleiner Schalen, Schüsselchen oder Körbchen, Ausstatten der Behältnisse mit Miniobst. Das Miniformat lässt die Verwendung als Dekorationsobjekt oder als Puppenhausobjekt zu.
MATERIAL	- Ton, Knete oder andere Modelliermassen (pro SchülerIn insgesamt circa ein Klumpen in Kinderfaustgröße) - Unterlage (kleine Papp-, Sperrholz-, Hartfaser-, Pressspan- oder Kunststoffplatte: Format max. DIN A4) - eventuell einfache Modellierwerkzeuge wie Pinselstil, Füllerkapsel, Bleistift, Nagel
ARBEITSWEISE	1. Formen der Schale mit den Händen aus einem Tonklumpen heraus, alternativ in Würstchen oder in der Plattentechnik. Beim Ansetzen von Tonteilen muss geschlickert werden. 2. Eventuell Anbringen von Mustern und Strukturen mit den Modellierwerkzeugen. 3. Herstellen mehrere kleiner Früchte aus einem Miniklumpen.
ZEITAUFWAND	für die reine Formungs- und Modelliertätigkeit mindestens 20 Minuten
HINWEISE/TIPPS	- Bei einer Erstbegegnung mit Ton circa 5-10 Minuten experimentieren/erproben und die Erfahrungen/Materialeigenschaften zur Sprache bringen. Alternativ können auch Knete oder andere Modelliermassen verwendet werden. - Als grundlegende Techniken könnten das Formen aus einem Tonklumpen heraus, die Würstchen- oder die Plattentechnik angeregt und eingeführt werden. - Bunte Knete hat hier den Vorteil, dass weitgehend die entsprechende Gegenstandsfarben gewählt werden können.
WERKBETRACHTUNG	- Schülerarbeiten - künstliches Obst, Spielzeugobst in unterschiedlichen Materialvarianten

NACH DER KISSENSCHLACHT

ZIELVORSTELLUNG

In spielerischem Umgang verschiedene farbige Materialien sammeln und fantasievoll reliefplastisch zusammenstellen.

MATERIAL

- Papp- o. a. Unterlage, Format: circa DIN A4 bis DIN A3
- farbige Stoffe und farbige Papiere (Schreibmaschinenpapier, Transparentpapiere, Seidenpapiere, Servietten u. Ä.)
- kleine Kuscheltiere und andere kleine ausgediente Dinge (Püppchen, Spielfiguren u. Ä.) aus dem Kinderzimmer
- angerührter Tapetenkleister
- Klebstoff und/oder doppelseitiges Klebeband

ARBEITSWEISE

Einzelarbeit

1. Stoffreste und Schaumstoffstücke (als Kissen und Decken) und Kleinutensilien werden am schnellsten mit doppelseitigem Klebeband befestigt. Kleine Stücke Klebeband genügen.
2. Der Karton wird mit Tapetenkleister eingepinselt.
3. Die möglichst dünnen Papiere (als Decken oder Tücher) werden entsprechend drapiert und angekleistert. Sie können auch teilweise vorsichtig in den Kleister eingetaucht werden.
4. Kleinere Figuren und bunte Federn können auch durch Überkleben mit Kleisterpapier auf der Platte fixiert werden.

ZEITAUFWAND

mindestens eine Unterrichtsstunde

HINWEISE/TIPPS

- Mittelfristig Material sammeln (lassen) und eventuell eine kleine Materialtheke einrichten.
- Manche Servietten und bunte Papiere färben ab. Schutzkleidung tragen!
- Die besten Faltenwürfe erreicht man mit Transparent- oder Drachenbaupapieren.
- Bei vorsichtigem Einkleistern können die eingebauten Figuren später wieder unbeschädigt herausgelöst werden.
- Zusätzlich können Bildausschnitte (Bettbezüge, Kissen, Kinder in Schlafanzügen usw.) aus Katalogen und Prospekten verwendet werden.

WERKBETRACHTUNG

- Schülerarbeiten
- reliefplastische Arbeiten aus der Kunst
  z. B. Nesch: Der Schnarcher

Barbie

KÖRPER/RAUM | VERSTECK ODER UNTERSCHLUPF | KLASSE 1-4

ZIELVORSTELLUNG

Mit Ton sollen miniaturhafte Versteck- oder Unterschlupfmöglichkeiten hergestellt werden. Dabei soll das Bauen mit der Plattentechnik eingeführt und erprobt werden. Es können auch eigene Erfahrungen und Erlebnisse eingebracht werden.

MATERIAL

- Ton, Knete oder andere Modelliermassen (pro SchülerIn mindestens zwei Klumpen in Kinderfaustgröße)
- kleines Brettstück o. Ä. als feste Unterlage
- eventuell Wasser-, Tempera- oder Dispersionsfarben mit weißer Dispersionsfarbe, kleiner bzw. mittlerer Borstenpinsel
- eventuell kleine Naturmaterialien zur weiteren Ausstattung

ARBEITSWEISE

1. Formen der Versteck- und Unterschlupfmöglichkeiten mit den Händen. Kleine Materialklumpen werden zu kleinen Platten geformt und anschließend zusammengesetzt (Plattentechnik). Beim Ansetzen einzelner Tonteile muss angeschlickert werden.
2. Eventuell Anbringen von weiteren Ausstattungselementen sowie von Mustern und Strukturen mit den vorhandenen Modellierwerkzeugen.
3. Eventuell Bemalen der Objekte.
4. Eventuell weitere Ausstattung der Szene mit Naturmaterialien.

ZEITAUFWAND

für die reine Formungs- und Modelliertätigkeit circa 20 Minuten

HINWEISE/TIPPS

- Bei einer Erstbegegnung mit Ton circa 5–10 Minuten experimentieren/erproben und die Erfahrungen/Materialeigenschaften zur Sprache bringen. Alternativ können auch andere Modelliermassen verwendet werden.
- Kleine Verstecke können auch auf einer Tonplatte aufgebaut werden, sollten aber dann aus Stabilitätsgründen gebrannt werden.
- Für jüngere SchülerInnen eignet sich ein Brettabschnitt als Unterlage. Auf das Brennen muss dann verzichtet werden.

WERKBETRACHTUNG

- Schülerarbeiten

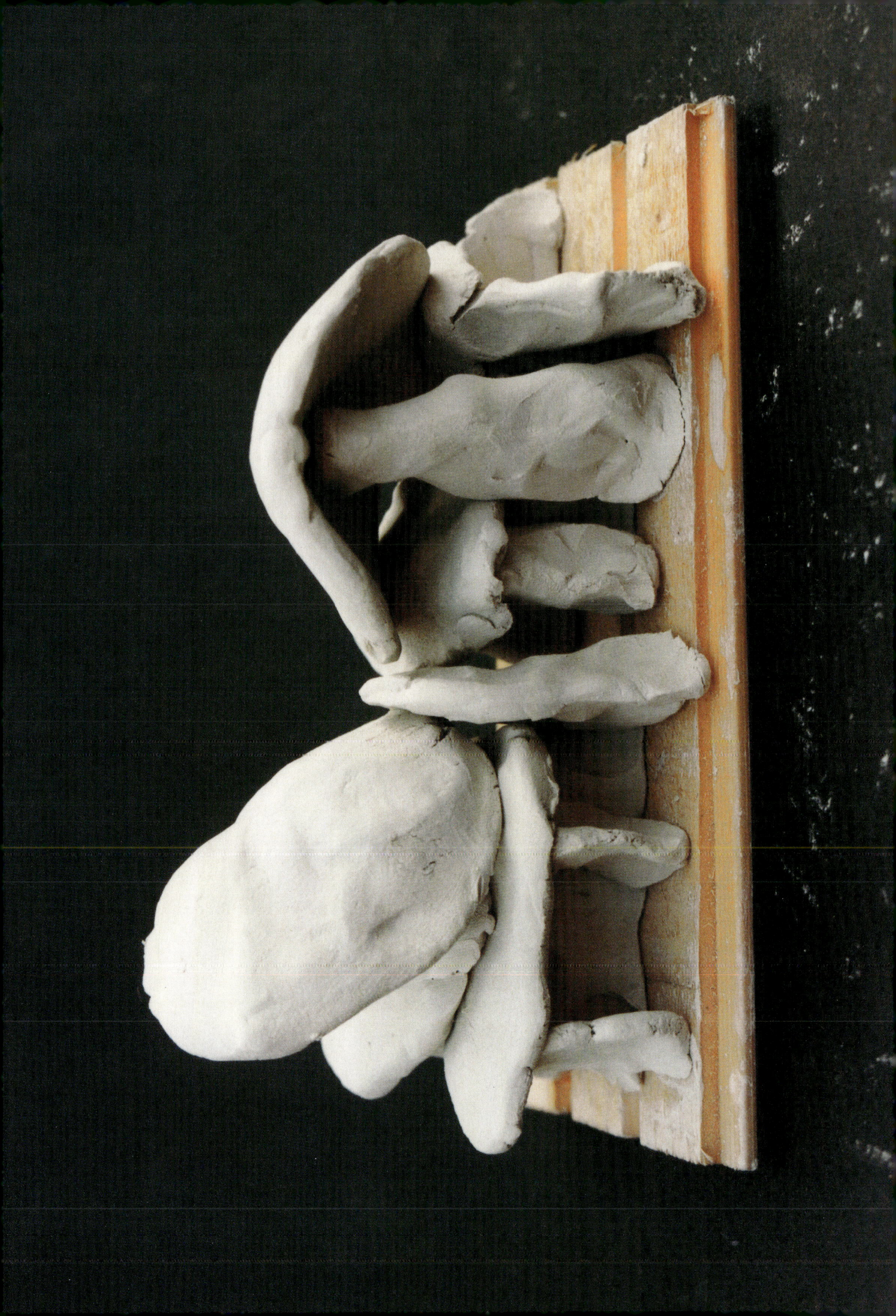

ZIELVORSTELLUNG	Herstellung kleiner Figuren aus einem Papiermachéklumpen heraus. Als Vorbilder und Anhaltspunkte dienen bekannte Haltungen von Tieren und Menschen.
MATERIAL	- Papiermaché (pro SchülerIn ein Klumpen mindestens in circa Kinderfaustgröße) - Unterlage (kleine Sperrholz-, Hartfaser-, Pressspan- oder Kunststoffplatte circa DIN A4) - eventuell einfachste Modellierwerkzeuge wie Pinselstiel oder Bleistift - eventuell kleine Hilfs- und Ausstattungsgegenstände z. B. Schachtel, Kiesel- o. a. Steine)
ARBEITSWEISE	1. Formen mit den Händen aus einem Papiermachéklumpen heraus. Das Ansetzen von Teilen sollte vermieden werden. 2. Eventuell kann sich die Figur auf einer kleinen Schachtel oder auf einen Stein setzen, teilweise liegen oder anlehnen.
ZEITAUFWAND	für die reine Formungs- und Modelliertätigkeit mindestens 10 Minuten
HINWEISE/TIPPS	- Bei einer Erstbegegnung mit Papiermaché circa 5–10 Minuten experimentieren/erproben und die Erfahrungen/Materialeigenschaften zur Sprache bringen. - Soll die Figur später auch ohne Unterlage sitzen, liegen oder stehen, sollte zwischen fester Unterlage und Figur mindestens ein oder zwei (Zeitungs-)Papierstücke gelegt werden, um ein Festkleben der Figur zu verhindern.
WERKBETRACHTUNG	- Schülerarbeiten - sitzende und liegende Figuren aus dem Kunstbereich

ZIELVORSTELLUNG	Mit Papiermaché und kleinen Astabschnitten soll ein Abenteuerspielgelände aufgebaut, ausgestattet und bemalt werden.
MATERIAL	- fertiges Papiermaché - Unterlage (kleine Pressspan-, Hartfaser oder Sperrholzplatte, Format circa DIN A3). Achtung: Pappunterlagen verziehen sich oft! - kleine Abschnitte von Zweigen oder dünnen Ästen, eventuell kleine Steine, etwas Rinde oder andere kleine Naturmaterialien - weiße Dispersionsfarbe, Dispersions- oder Wasserfarben, Borstenpinsel unterschiedlicher Größe - eventuell etwas Blumenbindedraht und Schnur zur Herstellung bzw. zur Ausstattung von Spielmöglichkeiten und Geräten
ARBEITSWEISE *Einzelarbeit* *Partnerarbeit*	1. Ausformen der Landschaft mit einigen Batzen Papiermaché auf der Grundplatte. 2. Die kleinen Holzschnitte werden eingesteckt und gut angedrückt. 3. Die eingebauten Teile können stellenweise mit einigen Schichten Kleisterpapier überarbeitet und weiter fixiert werden. 4. Trocknen lassen (mindestens 3-4 Tage). 5. Bemalen der Landschaft in tupfender Malweise. 6. Eventuell weitere Ausstattung durch weitere Naturmateralien (Moose, Sand u. Ä.) und durch einfache Spielgeräte.
ZEITAUFWAND	ohne Bemalung mindestens 30 Minuten
HINWEISE/TIPPS	- Die Besonderheiten einzelner Abenteuerspielplätze sollten vorgestellt und erörtert werden. Dabei sollten auch konkrete Erfahrungen der SchülerInnen berücksichtigt werden. - Je mehr Papiermaché verwendet wird, desto länger ist die Trocknungszeit. Auch bei warmer Lagerung mindestens 3 Tage einplanen! - Es sind einfarbige und mehrfarbige Bemalungen (Felsen, Wiese, Gewässer, Sand, Erde) möglich.
WERKBETRACHTUNG	- Schülerarbeiten

ZIELSETZUNG

Mit Hilfe einer Astgabel werden in Anlehnung an Nest- und andere Tierbauten vielfältige Schnur- oder Fadenverspannungen entwickelt.

MATERIAL

- kleine Astgabel mit mindestens drei Ästen
- als Sockel/Ständer: leere Konservendose und Gips, alternativ Holzstück/Baumscheibe mit Bohrloch zum Einstecken der Astgabel
- Wollreste und Schnüre
- eventuell mitgebrachte oder selbst hergestellte Tierfiguren

ARBEITSWEISE

Einzelarbeit

Partnerarbeit

1. Zwischen den einzelnen Ästen der Astgabel werden assoziativ vielfältige Verspannungen durchgeführt. Es können spinnenbauartige, nestartige und völlig freie Verspannungen sein.
2. Zur besseren Fixierung der Schnur am Ast sollte diese zumindest ab und zu um den Ast herumgeführt und mit einem Knoten versehen werden.
3. Bauen/Herstellen des Gerüsts durch Eingipsen oder durch Einstecken und Einkleistern der Astgabel.
4. Eventuell Ausstatten des Baus mit selbst hergestellten oder mitgebrachten Tieren.

ZEITAUFWAND

mindestens 1 Stunde

HINWEISE/TIPPS

- Die Astgabel kann vor oder nach der Fadenverspannung am Sockel fixiert werden. Größere Astgabeln können auch als Freilandobjekte in die Erde gesteckt werden.
- Es können eher regelmäßige aber auch völlig frei entworfene Gebilde entstehen.
- Da meist sehr viel Verspannungsmaterial benötigt wird, sollten auch Schnur- und Wollreste von zu Hause mitgebracht werden.
- Die Schnur sollte für diese Arbeit nicht zu dick und zu starr sein.
- Es können auch andere Objekte wie z. B. Schachteln, alte Fahrradfelge, alter Campingsessel u. Ä. verspannt werden.

WERKBETRACHTUNG

- Schülerarbeiten
- Abbildungen von Spinnenbauten und Spinnennetzen sowie von anderen Tierbauten

ZIELVORSTELLUNG	Mit Ton oder ähnlichen Modelliermassen sollen miniaturhafte Einzelgebäude bzw. Gebäudekomplexe hergestellt werden. Dabei können unterschiedliche Anregungen historischer, gegenwärtiger oder futuristischer Art umgesetzt werden: Von Burgen, Iglus, speziellen Haustypen bis hin zu futuristischen Weltraumbauten.
MATERIAL	- Ton, Knete oder andere Modelliermassen (pro SchülerIn mindestens ein Klumpen in Kinderfaustgröße) - Unterlage (kleine Papp-, Sperrholz-, Hartfaser-, Pressspan- oder Kunststoffplatte max. DIN A4) - eventuell einfache Modellierwerkzeuge wie Pinselstil, Füllerkapsel, Bleistift, Nagel - eventuell Wasser-, Tempera- oder Dispersionsfarben mit weißer Dispersionsfarbe, kleiner bzw. mittlerer Borstenpinsel
ARBEITSWEISE	1. Formen der Bauten mit den Händen aus einem Materialklumpen heraus, alternativ durch Plattentechnik und Würstchentechnik. Beim Ansetzen einzelner Tonteile muss angeschlickert werden. 2. Eventuell Anbringen von Mustern und Strukturen mit den vorhandenen Modellierwerkzeugen. 3. Eventuell Bemalen oder Glasieren der Objekte.
ZEITAUFWAND	für die reine Formungs- und Modelliertätigkeit mindestens 20 Minuten
HINWEISE/TIPPS	- Bei einer Erstbegegnung mit Ton circa 5–10 Minuten experimentieren/erproben und die Erfahrungen/Materialeigenschaften zur Sprache bringen. Alternativ können auch andere Modelliermassen verwendet werden. - Aus Stabilitätsgründen sollten Tonobjekte gebrannt werden.
WERKBETRACHTUNG	- Schülerarbeiten

KÖRPER/RAUM	WINDSPIEL	KLASSE 1–4

ZIELVORSTELLUNG	Aus vorgefundenen Materialien wird ein Objekt zusammengestellt, das sich im Wind bewegen soll. Anregungen erhält man durch die Materialsammlung beziehungsweise das Materialangebot. Einfache Verbindungstechniken werden angewandt.
MATERIAL	- mitgebrachte/gesammelte Materialien wie Federn, Woll- und Stoffreste, kleine Styroporformteile, sauberer Haushaltsmüll (Jogurt- u. a. Becher, Kunststoff- und Kartonverpackungsteile von Schokolade, Pralinen, Eiern, Obst usw.), kleine Dinge aus dem Haushalt (Knöpfe, Kronkorken, Nägel, Schrauben, kleine Dosen, Metallfolien, Reste von Dekomaterialien, farbige Papiere usw.) - Schnüre, Wolle, Bänder, Blumenbindedraht, Marionettenfaden u. Ä. - Stöcke, Astabschnitte, Kleiderbügel, Standgerüst aus Baumscheibe und Rundholz oder eine zwischen zwei Bäumen gespannte Schnur als Aufhängevorrichtung - Klebeband, Klebstoff, Blumenbindedraht u. Ä. zum Anbinden/Anheften der Windspielteile
ARBEITSWEISE *Einzelarbeit* *Partnerarbeit* *Gruppenarbeit*	1. Sichten des Materials. Entwickeln von Materialzusammenstellungen und Gestaltungsideen. 2. Entwickeln und Erproben eines Objekts. 3. Ausdifferenzieren des Objekts mit weiteren Materialien. 4. Erproben/Beobachten des Objekts in Aktion.
ZEITAUFWAND	circa 1–2 Stunden
HINWEISE/TIPPS	- Je nach Präsentations- und Arbeitsform sind Einzel-, Partner- oder Gruppenobjekte sowie ein größeres Gemeinschaftsobjekt möglich. Davon abhängig ist die Wahl einer Aufhängevorrichtung. Präsentations- bzw. Aufhängemöglichkeiten reichen von einem selbst gebauten Stand- oder Hängegerüst bis zu einer gespannten Schnur zwischen Bäumen oder Gebäudeteilen. - Die Aufgabe ist sehr stark vom Materialangebot abhängig. - Neben sichtbaren Bewegungsvorgängen können auch Materialien mit Kling- oder Klappergeräuschen einbezogen werden.
WERKBETRACHTUNG	- Schülerarbeiten - Mobiles aus dem Kunstbereich, Klangobjekte aus dem kunsthandwerklichen Bereich

ZIELSETZUNG

Ein Ast beziehungsweise mehrere zusammengebundene Äste werden als Schmuck- und Ausstellungsobjekt an die Decke gehängt und mit unterschiedlichen kleineren Objekten ausgestattet.

MATERIAL

- ein oder mehrere größere Äste, Schnur, Deckenhaken
- zur Ausstattung:
  - Klebe-, Ausschneide- und Faltarbeiten mit bunten Papieren
  - kleine dreidimensionale Menschen, Tier- und andere Figuren (Kleisterpapier, Karton, Modelliermassen, Ton, Folien, Draht usw.)
  - selbst hergestellte bunte Dekorationsobjekte (Wegwerf- und Dekomaterialien, Stoffe, Krepppapier usw.)
- Wollreste und Fäden

ARBEITSWEISE

Einzelarbeit

Partnerarbeit

(Gemeinschaftsobjekt)

1. Eventuell Zusammenbinden und Aufhängen des Astes im Klassenzimmer, im Flur oder an einer anderen Stelle im Schulgebäude.
2. Herstellen der einzelnen Ausschmückungsobjekte in Einzel- oder Partnerarbeit.
3. Befestigen einer Aufhängemöglichkeit.
4. Ausstatten des Geästs.

ZEITAUFWAND

ist abhängig von der Schwierigkeit bei der Herstellung und der Anzahl der Einzelobjekte

HINWEISE/TIPPS

- Je nach Raumsituation können unterschiedlich große Äste und Zweige verwendet werden. Wenn es die Raumsituation erlaubt, könnten auch mehrere einzelne Astschmuckobjekte als Gruppenarbeit gestaltet werden.
- Geeignete Äste von Bäumen und Büschen können sehr gut und kostenlos im Herbst organisiert werden, wenn staatliche oder kommunale Arbeiter die Straßenrandbepflanzung zurückschneiden.
- Die Objekte sollten der jeweiligen Altersstufe angepasst sein.
- Die Äste können ab und zu mit neuen Objekten ausgestattet werden (jahreszeitliche Bezüge u. Ä.).

WERKBETRACHTUNG

- Schülerarbeiten

KÖRPER/RAUM	ZUSAMMENGESTECKTE OBJEKTE UND BAUTEN	KLASSE 1–4

ZIELVORSTELLUNG

Aus handelsüblichen Holzmaterialien sollen unterschiedliche Objekte und Bauten erstellt werden. Dabei sollen motorische Fertigkeiten und der sachgemäße Umgang mit den Materialien gelernt werden.

MATERIAL

- farbige oder naturbelassene Rundstäbe und gebohrte Eisstäbe

ARBEITSWEISE

Einzelarbeit

1. Vorstellen und Erproben des Materials. Die SchülerInnen berichten über ihre Erfahrungen und Bautätigkeiten.
2. Bauen durch Stecken und Kombinieren der beiden Ausgangsmaterialien.
3. Abklären weiterer Möglichkeiten.
4. Ausstellen und Besichtigen der Objekte.
5. Vorsichtiges Abbauen und Aufräumen.

ZEITAUFWAND

circa eine Stunde mit Erprobungen

HINWEISE/TIPPS

- Nach der Erprobungsphase können Bauvorschläge gesammelt und unterschiedliche Bauaufgaben angeregt werden:
  - Fachwerkbau
  - Windmühle
  - Hubschrauber
  - Pfahldorfhaus
  - Gerüst
  - Strommast
  - Brücken und Stege
- Es sollte genügend Baumaterial zur Verfügung stehen. Die Materialien können immer wieder verwendet werden.
- Fotografieren der Bauten eventuell mit den kleinen Konstrukteuren.

WERKBETRACHTUNG

- Schülerarbeiten

ZIELVORSTELLUNG	Eine möglichst typische Landschaftsform soll mit Papiermaché und Kleisterpapier reliefplastisch aufgebaut, ausgestattet und bemalt werden.
MATERIAL	- fertiges Papiermaché, Zeitungspapier und Tapetenkleister - Unterlage (kleine Pressspan-, Hartfaser- oder Sperrholzplatte, Format: circa DIN A3). Achtung: Pappunterlagen verziehen sich gern! - Eventuell weitere Gegenstände zum Überkleistern (Styroporteile, Pappverpackungen für Eier, Obst oder Gemüse, Jogurtbecher, etwas doppelseitiges Klebeband - weiße Dispersionsfarbe, Dispersions- oder Wasserfarben, Borstenpinsel unterschiedlicher Größe - eventuell kleine Spielfiguren, Naturmaterialien o. Ä. zur weiteren Ausstattung
ARBEITSWEISE	1. Ausformen der Landschaft auf der Grundplatte. 2. Als Unterbau für größere Erhebungen eignen sich zusammengeknülltes Zeitungspapier, kleine Schachteln oder größere Styroporstücke. 3. Die eingebauten Teile werden mit mindestens drei Schichten Kleisterpapier überarbeitet. 4. Eventuell Einstecken oder Einbauen von Naturmaterialien (Ästchen, Steine, Zapfen u. Ä.). 5. Trocknen lassen (mindestens 2-3 Tage). 6. Bemalen der Landschaft, bei rauer Oberfläche in tupfender Malweise. 7. Eventuell weitere Ausstattung durch weitere Naturmaterialien (Moose, Sand u. Ä.) und durch Spielfiguren.
ZEITAUFWAND	ohne Bemalung mindestens 30 Minuten
HINWEISE/TIPPS	- Die Besonderheiten einzelner Landschaften sollten erörtert werden. Dabei sollten verstärkt die Vorerfahrungen der SchülerInnen berücksichtigt werden. - Es sollten typische Landschaften geformt werden (Die Eismeerlandschaft von Eisbär Lars, Indianerlandschaft, Pirateninsel, Unser Urlaubsstrand mit Felsen, Flache Hügellandschaft mit einem sich windendem Bach u. Ä.). - Je mehr Papiermaché verwendet wird, desto länger ist die Trocknungszeit. Auch bei warmer Lagerung circa 2-3 Tage einplanen! - Es sind je nach Landschaftstyp fast einfarbige und mehrfarbige Bemalungen möglich.
WERKBETRACHTUNG	- Schülerarbeiten - Landschaftsbilder aus Büchern und Illustrierten

ZIELSETZUNG

In eine geöffnete Schachtel oder ein anderes Behältnis werden verschiedene, möglichst selbst gesammelte Naturmaterialien zu einem Szenarium zusammengestellt. Die „Komposition" sollte optisch ansprechend gestaltet und auch als individuelle Fühl- bzw. Tastsituation erfahren werden.

MATERIAL

- stabile Schachtel, altes Holzkistchen oder alter Koffer
- Naturmaterialien wie Rinden, Moose, Zapfen, Nüsse und andere Früchte
- Steinchen, Holzreste, Laub, trockene Gräser, Ästchen usw.

ARBEITSWEISE

Einzelarbeit

1. Auf einem Lerngang oder während eines Wandertags möglichst viel unterschiedliches Material sammeln und bestimmen.
2. Eine kleine Waldszene zum Gucken und Fühlen aufbauen, indem man eine Art Minilandschaft im Karton gestaltet. Zapfen und Ästchen können als Bäume, Steine als Felsen usw. verwendet werden.

ZEITAUFWAND

circa eine Stunde ohne Materialsammlung

HINWEISE/TIPPS

- Neben eher zufälligen Zusammenstellungen können je nach Altersstufe auch bestimmte Szenen (Futterplatz, Lichtung, Dickicht, Holzeinschlag usw.) realisiert werden.
- Die Schachtelhülle selbst kann entsprechend ausgestaltet und eventuell bemalt werden. Sie kann dann auch für wechselnde Miniausstellungen genutzt werden.
- In den Schachteldeckel können Seh- und Fühlschlitze geschnitten werden.

WERKBETRACHTUNG

- Schülerarbeiten
- z. B. Arbeiten von A. Goldsworthy

ZIELVORSTELLUNG

Auf vorgesägten Brettstücken sollen phantasievolle Aufbauten, Masten, Segel, Geländer/Relings usw. angebracht werden. Verschiedene Verbindungs- und Konstruktionstechniken sollen dabei angewandt werden.

MATERIAL

- möglichst breite Brettabschnitte (bereits in Form eines Schiffsrumpfes gesägt)
- Hammer, Nägel, Klebstoff, Holzleim, Akkubohrer (8-10 mm)
- Rundhölzer (8-10 mm), kleine Handsäge/Fuchsschwanz, kleine Abfallhölzer
- Stoffreste, dünne Schnur oder stabile Wollreste, Schere

ARBEITSWEISE

Einzelarbeit
Partnerarbeit

1. Demonstration der Handhabung des Akkubohrers sowie der Umgang mit Hammer und Nagel.
2. Bohren und Einstecken von Rundhölzern.
   Leimen von hölzernen Aufbauten. Nageln von Relings und ähnlichen Begrenzungen auf Befestigungen.
3. Verspannen von Schnur- und Wollresten.
4. Anbringen von Segeln, Fahnen und kleinen Wimpeln.

ZEITAUFWAND

mindestens eine Stunde

HINWEISE/TIPPS

- Nach der Demonstration der wichtigsten Techniken mit entsprechenden Sicherheitshinweisen kann/sollte ohne viele gestalterische Erklärungen gebaut werden.
- Im Freien oder an Gruppentischen arbeiten lassen, damit die Baumaterialien und Geräte sinnvoll ausgetauscht und übersichtlich eingesetzt werden können.
- Es können unterschiedliche Boots- und Schiffstypen entstehen oder während des Bauens angeregt werden.
- Die Schwimmfähigkeit der Boote sollte in einem flachen Gewässer erprobt werden können.

WERKBETRACHTUNG

- Schülerarbeiten

ZIELVORSTELLUNG

Vielfältiges kreatives aber auch funktionales, zielgerichtetes Bauen durch einfache Steckverbindungen.

MATERIAL

- eventuell Grundplatte aus Styropor (Format circa DIN A4-3, circa 1-2 cm stark) mit dem Cutter zugeschnitten
- kleine Styropor-Verpackungsformteile (Füllmaterial), z. B. von der örtlichen Recyclingstelle
- Zahnstocher

ARBEITSWEISE
Einzelarbeit
Partnerarbeit
Kleingruppenarbeit

Es genügt zunächst, den SchülerInnen das Material zu präsentieren und kurz die Arbeitsweise zu demonstrieren. Da die Technik denkbar einfach ist, können ständig Veränderungen vorgenommen werden.

ZEITAUFWAND

circa eine Unterrichtsstunde, bei aufwändigen Konstruktionen auch mehr

HINWEISE/TIPPS

- Obwohl die Materialien und die Bautechnik sehr einfach sind, regen sie die experimentelle Baulust an.
- Nach der experimentellen Phase entwickeln die Kinder sehr schnell eigene Gestaltungsideen, die von wiedererkennbaren Objekten (Stuhl, Schuh, Turm, usw.) bis hin zu fantasievollen Gebilden reichen.
- Sie können auch konkrete Bauvorschläge unterbreiten (Raumschiff, Kuppelbau, Gerüst usw.).
- Fotografieren Sie die Objekte, denn sie sind sehr zerbrechlich. Größere Objekte können nur auf einer Grundplatte transportiert werden.
- Die Materialien können nach dem Abbau wiederverwendet werden.

WERKBETRACHTUNG

- Schülerarbeiten
- Abbildungen von Skelettbauten

KÖRPER/RAUM	FLUGOBJEKTE	KLASSE 1-4

ZIELVORSTELLUNG

Aus Karton- und Pappresten soll eine einfache Flugmaschine hergestellt werden, bei der wesentliche Teile einer „Fliegenden Kiste" berücksichtigt werden. Einfache Schneide- und Klebetechniken werden hierbei angewandt.

MATERIAL

- Karton- und Pappstücke (Kartons, Schuh-, Spielzeug- u. a. Schachteln)
- Schere, eventuell Bleistift
- Klebstoff, eventuell etwas Klebeband und doppelseitiges Klebeband

ARBEITSWEISE

1. Die Kartons und Schachteln werden nach individuellen Vorstellungen ausgewählt und entsprechende Teile und Streifen zugeschnitten.
2. Die Einzelteile werden zusammengeklebt.
3. Das Flugobjekt wird vorgestellt und eventuell dessen Flugtauglichkeit erprobt.

ZEITAUFWAND

circa eine Stunde

HINWEISE/TIPPS

- Nach Weihnachten fallen viele Verpackungsschachteln an. Da die Kartons meist nicht sehr dick sind, können sie von den SchülerInnen relativ gut zugeschnitten werden.
- Es können je nach Erfahrungsbereichen sehr unterschiedliche Flugobjekte entstehen. Wesentliche Bestandteile eines Flugzeugs wie Tragflächen, Rumpf, Seiten- und Höhenleitwerk sollten angesprochen werden.
- Neben der Wahl der Flugobjektform können auch gestalterische Elemente (Farben und Ausstattung) eine Rolle spielen.
- Ihre SchülerInnen können erste Erfahrungen mit Stabilisierungsproblemen und grundlegenden Verbindungstechniken machen.
- Alternativ können auch Holzstäbchen (z. B. > eibe-Kreativmaterial) eingesetzt werden.

WERKBETRACHTUNG

- Schülerarbeiten
- alte und neue Flugzeuge, spezielle Flugzeuge (Aussehen, Funktion)

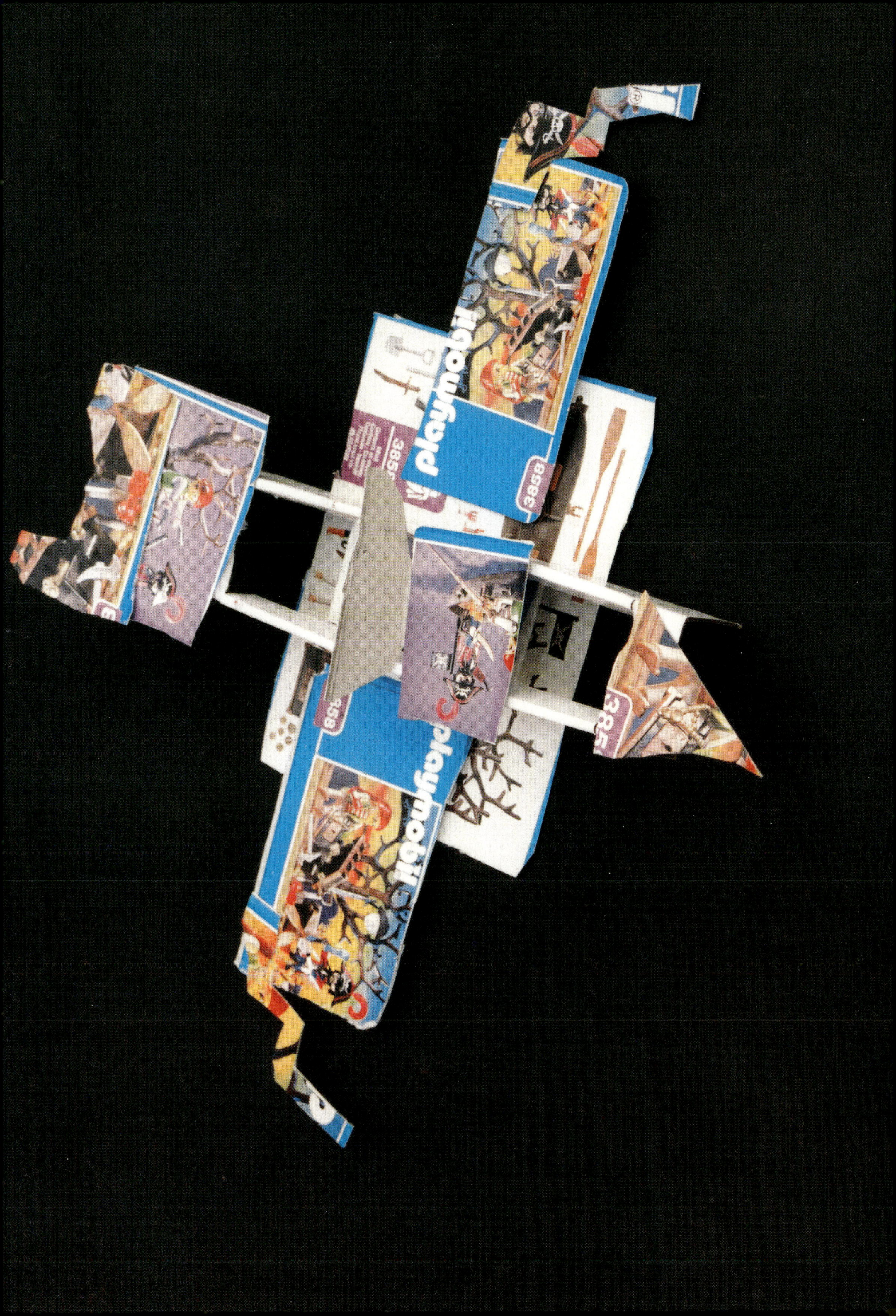
playmobil
3858
playmobil
3858

ZIELVORSTELLUNG

Aus Pfeifenputzerdraht sollen Figuren aus den Themenbereichen Mensch oder Tier geformt werden. Es kommt dabei auf Standfähigkeit und/oder besonderes Aussehen und Haltung an. Es können Einzelfiguren entstehen oder zwei/mehrere Figuren kombiniert werden.

MATERIAL

- Pfeifenputzerdrähte (Hobby- und Kunsterzieherbedarf)
- eventuell kleine Holzklötzchen o. Ä. mit Loch als Standgerüst/ Sockel

ARBEITSWEISE
Einzelarbeit

1. Vorstellen und eventuell erstes Erproben des Materials. Einfache Biege- und Verbindungstechniken können demonstriert werden.
2. Freies oder aufgabenabhängiges Formen.
3. Eventuell Kombinieren von Figuren.
4. Vorstellen der Arbeiten.

ZEITAUFWAND

insgesamt eine Unterrichtsstunde

HINWEISE/TIPPS

- Gestaltungsvorschläge anregen und sammeln.
- Einzelfiguren: Menschen mit besonderer Körperhaltung aus dem Sport- und Arbeitsbereich.
  Tierfiguren mit besonderen Merkmalen.
- Beziehungen zwischen zwei oder mehreren Figuren.
- Figuren für weitere Verwendungszwecke erfinden und herstellen.

WERKBETRACHTUNG

- Schülerarbeiten

ZIELSETZUNG

Aus ihren Erlebnis- und Erfahrungsbereichen heraus entwickeln die SchülerInnen Ideen zu Landschaften und künstlich geschaffenen Landschaften. Es soll ein möglichst artgerechtes Freigehege mit einer oder mehreren Tierplastiken hergestellt und später bemalt werden.

MATERIAL

- stabile Obstkartons oder stabile Schachteln
- Zeitungspapier, Tapetenkleister, Papiermaché
- weiße Dispersionsfarbe (Eimer), Wasser- oder Dispersionsfarben, Malerpinsel, Borstenpinsel
- eventuell einige Naturmaterialien (Rindenstückchen, kleinere Steine, Moose, Heu, Stroh usw.)

ARBEITSWEISE
Einzelarbeit
Partnerarbeit
Gruppenarbeit

1. Zeitungspapier knüllen, in Kleister tauchen und die Landschaft ausformen. Auch kleine Schachteln und zerknülltes Zeitungspapier können zu einer „Groblandschaft" geformt und mit drei bis vier Lagen Kleisterpapier überklebt werden.
2. Gestalten eines flachen, sitzenden oder liegenden Tieres aus Papiermaché. Das Tier soll in die Landschaft einbezogen werden.
3. Trocknen lassen (einige Tage).
4. Eventuell Grundieren mit weißer Dispersionsfarbe. Nach dem Trocknen kann endgültig bemalt werden.
5. Eventuell Ausstatten des Objekts mit Naturmaterialien.

ZEITAUFWAND

insgesamt mindestens 3 Stunden

HINWEISE/TIPPS

- Sehr gut geeignet sind stabile Obstkartons, die Sie mit einem Cutter in der Mitte durchschneiden.
- Es sind, abhängig von der Größe des Geheges, dessen Ausstattung und der Anzahl der Tiere, verschiedene Arbeitsformen (Einzelarbeit, Partnerarbeit oder Gruppenarbeit) möglich.
- Probleme der Tierhaltung als fächerübergreifender Aspekt. Zooanlage früher und heute. Einfuhrverbot für viele exotische Tiere.

WERKBETRACHTUNG

- Schülerarbeiten
- Zoobesuch, Besuch eines Wildparks oder ähnlicher künstlich geschaffener Gehege
- Abbildungen von Gehegen und Käfigen früher und heute

ZIELVORSTELLUNG	Eine oder mehrere Figuren sollen reliefartig dargestellt werden. Dabei kann es sich um Personen, Tiere, Pflanzen oder Schmuckformen handeln. Anregungen erhält man bei örtlichen Reliefplastiken (Kirchen, Brunnen, öffentliche Gebäude), Burgbesichtigungen und über zweidimensionale Abbildungen.
MATERIAL	- fertiges Papiermaché oder Zeitungspapier und Tapetenkleister - Unterlage (kleine Pressspan-, Hartfaser oder Sperrholzplatte circa DIN-A4-Format). Achtung: Kartons und Pappen verziehen sich oft! - eventuell Bleistift - eventuell Deckweiß und Wasserfarben, größerer Borstenpinsel
ARBEITSWEISE	1. Entwerfen einer Figur oder Form direkt auf der Grundplatte. 2. Ausdifferenzieren der Figur/-en oder Formen. 3. Trocknen lassen (mindestens 2-3 Tage). 4. Eventuell Bemalen des Reliefs. Bei rauher Oberfläche in tupfender Malweise.
ZEITAUFWAND	ohne Bemalung mindestens 15 Minuten
HINWEISE/TIPPS	- Herstellen einfacher Umrisse (Umrisszeichnungen) durch Umfahren des eigenen Kopfes, anderer aufgelegter Gegenstände oder durch Aufkleben von (ausgeschnittenen) Abbildungen. - Erhabene (hohe) Reliefs sollten mit zerknülltem oder zusammengedrehtem Zeitungspapier vorgeformt werden. - Je mehr Papiermaché verwendet wurde, desto länger ist die Trocknungszeit. Auch bei warmer Lagerung circa 3 Tage einplanen! - Es sind einfarbige und mehrfarbige Bemalungen möglich.
WERKBETRACHTUNG	- Schülerarbeiten - Reliefs in der unmittelbaren Umgebung - Abbildungen von künstlerischen und kunsthandwerklichen Reliefs

ZIELVORSTELLUNG	Herstellung kleiner Fantasietürme aus Ton. Ausgangspunkte könnten Werkbetrachtungen zum Beispiel von Antoni Gaudi (die „Sagrada Familia“ in Barcelona, Kamine der Casa Milà), die Türme der Wallfahrtskirche Vierzehnheiligen, die turmähnliche Architektur des Hundertwasserhauses in Wien sein. Die hergestellten Türme können einzeln stehen oder später zu einer Turmlandschaft zusammengestellt werden.
MATERIAL	- Ton (pro SchülerIn doppelte Kinderfaustgröße) - Unterlage (Malblockpappe o. Ä.) - Modellierwerkzeuge wie Pinselstil, Bleistift, Nagel, Holzstöckchen, Füllerkapsel, falls vorhanden auch Modellierhölzer
ARBEITSWEISE	1. Bei erstmaliger Arbeit mit Ton sollten Sie eine kurze Experimentierphase gestatten und die Erfahrungen mit dem Material verbalisieren lassen. 2. Formen mit den Händen durch Kneten, Drücken usw., möglichst aus einem Stück heraus. Das Ansetzen von kleineren und größeren Teilen sollte möglichst vermieden werden, da die Technik des Anschlickerns bei einer Erstbegegnung mit dem Material sehr wahrscheinlich noch nicht beherrscht wird. 3. Ist der Turm in seiner Rohgestalt fertig, können mit den Modellierwerkzeugen Muster und Strukturen eingedrückt und eingeritzt werden. 4. Der fertige Turm kann an der Luft trocknen aber auch gebrannt werden.
ZEITAUFWAND	für die reine Formungs- und Modelliertätigkeit mindestens 15 Minuten
HINWEISE/TIPPS	- Als grundlegende „Tontechniken“ werden das Formen aus einem Tonklumpen heraus und eventuell erste Ansätze von kleineren Tonteilen (Anschlickern) eingeführt und erprobt. - Die Gebilde können zu einer Tonturmstadt arrangiert werden.
WERKBETRACHTUNG	- Schülerarbeiten - Beispiele aus der unmittelbaren Umgebung - Architektur-/Kunstbeispiele

ZIELVORSTELLUNG	Ein Objekt soll aus vorgefundenen Materialien zusammengestellt werden. Anregungen erhält man durch das Materialangebot sowie die fantasievolle Aufgabenstellung.
MATERIAL	- mitgebrachte/gesammelte Materialien wie Styroporformteile, sauberer Haushaltsmüll (Jogurt- u. a. Becher, Kunststoff- und Kartonverpackungsteile von Schokolade, Pralinen, Eiern, Obst usw.), kleine technische Teile (Muttern, Beilegscheiben, Stanzteile, Zahnrädchen usw.), kleine Dinge aus dem Haushalt (Knöpfe, Reste von Dekomaterialien, Stoffreste, kleine alte Spielsteine, Spielfiguren usw.) - doppelseitiges Klebeband, Klebeband, Blumenbindedraht, Stecknadeln, Holz- u. a. Stäbchen - eventuell Farbe, weiße Dispersionsfarbe, Borstenpinsel
ARBEITSWEISE	1. Sichten des Materials. Entwickeln von Gestaltungsideen. 2. Entwerfen eines Objekts mit Hilfe eines größeren Formteils. 3. Ausdifferenzieren des Objekts mit entsprechenden Materialien. 4. Eventuell Bemalen des Objekts beziehungsweise von Teilen des Objekts.
ZEITAUFWAND	ohne Bemalung mindestens 30 Minuten
HINWEISE/TIPPS	- Es gibt für das Thema „Zeitmaschine" mehrere Verknüpfungsmöglichkeiten in Form von Fantasiegeschichten und Sciencefictionfilmen. - Die Aufgabe ist sehr stark vom Materialangebot abhängig. Rechtzeitiges Sammeln, Ordnen und Aufbewahren ist notwendig. - Als Grundbaugerüst ist ein Kunststoffteil nahezu unerlässlich. - Doppelseitiges Klebeband sowie Stecknadeln ermöglichen rasches Arbeiten. - Eventuell Einrichten einer Materialtheke. - Es sind am Ende der Arbeit einfarbige und mehrfarbige Bemalungen möglich.
WERKBETRACHTUNG	- Schülerarbeiten - eventuell Illustrationen aus Büchern oder Abbildungen aus Comics und Sciencefictionbüchern (Präsentation am Ende der praktischen Arbeit)

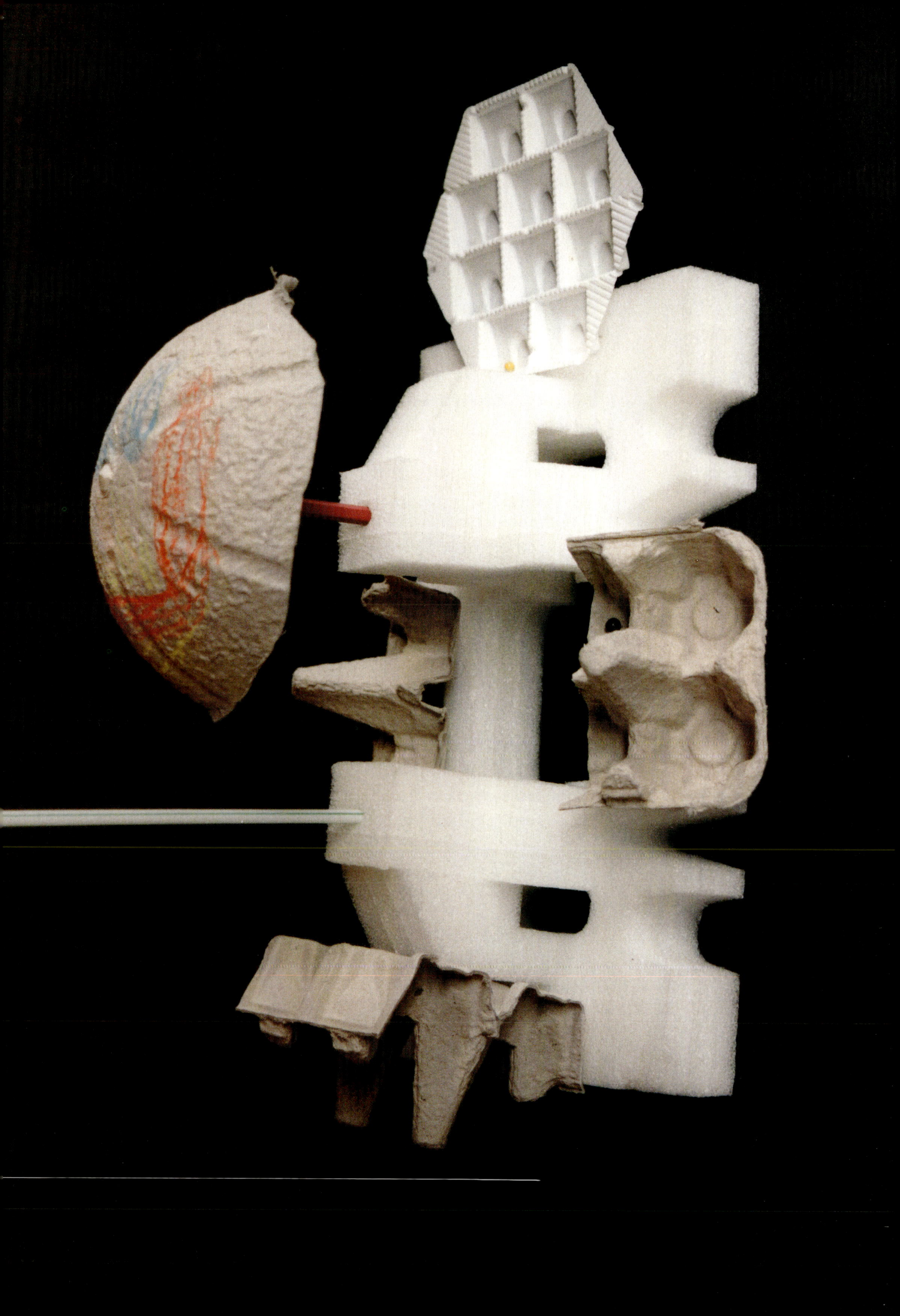

ZIELVORSTELLUNG

Aus gekauften Holzkugeln, vorgefertigtem Führungskreuz, Stofftuch und Wollresten soll eine Tanzpuppe hergestellt und damit getanzt werden.

MATERIAL

- vier mittlere Holzkugeln mit Loch, eine große Holzkugel mit Loch, kleine Schrauben, Akkubohrer, Akkuschrauber
- ein möglichst quadratisches Tuch (circa 50 cm Seitenlänge)
- zwei Vierkantstäbe (Länge circa 25 cm und 15 cm lang), Holzleim, Schraubzwinge und/oder 2 kleine Schrauben
- Filzstifte, Wollreste, Fellreste, Schere, Klebstoff
- eventuell Wasserfarben, Textilfarben, Borstenpinsel oder Textilfarbstifte

ARBEITSWEISE

1. Bei dieser Tanzpuppe müssen Sie oder Schülereltern etwas Vorarbeit leisten:
   Zusammenleimen oder Zusammenschrauben des Spielkreuzes.
   In die lange Vorderseite wird ein Loch gebohrt.
   In die „Kopfholzkugel" werden an beiden Außenseiten nach leichtem Vorbohren zwei kleine Schrauben eingedreht.
2. Ihre SchülerInnen sind für die Ausgestaltung des Kopfes und eventuell für die Bemalung des Tuches zuständig.
3. Das Tuch wird auf den Tisch gelegt, alle vier Tuchenden nach und nach eingedreht, durch die Öffnung der Holzkugel geschoben und verknotet. Die Kugeln stellen die Füße und Hände dar.
4. Zwischen den beiden „Händen" wird das Tuch ebenfalls eingedreht und die „Kopfkugel" durchgesteckt. Das herausschauende Ende wird am Hinterkopf fest angeklebt.
5. Die Hände und die beiden Kopfschrauben werden nach Plan am Führungskreuz befestigt.

ZEITAUFWAND

eine Stunde für den Zusammenbau und die Kopfausstattung

HINWEISE/TIPPS

- Ich empfehle eine schrittweise Demonstration der Herstellungsweise, da diese anschaulicher ist als manche verbalen Erklärungsversuche.
- Eine Hand hält das Spielkreuz, die andere den Faden, der beide Hände miteinander verbindet. Durch Ziehen bewegen sich die Hände.
- Die Tanzgruppe kann Gegenstand weiterer Aktionen sein: Einzeltänze, Gruppentänze, aktuelle Minihitparade, Tanz bei verdunkeltem Klassenzimmer mit Spotbeleuchtung u. Ä.

WERKBETRACHTUNG

- Schülerarbeiten

ZIELVORSTELLUNG

Mit Hilfe der Würstchentechnik wird eine Grundform hergestellt. Diese Grundform kann nach individuellen Vorstellungen ergänzt und ausgestattet werden.

MATERIAL

- Ton oder ähnliche Modelliermassen (pro SchülerIn mindestens doppelte Kinderfaustgröße)
- Unterlage (Malblockpappe o. Ä.)
- Modellierwerkzeuge wie Pinselstift, Bleistift, Nagel, Holzstöckchen, Füllerkapsel, falls vorhanden auch Modellierhölzer

ARBEITSWEISE

Einzelarbeit

1. Bei erstmaliger Arbeit mit Ton sollten Sie eine kurze Experimentierphase gestatten und die Erfahrungen mit dem Material verbalisieren lassen.
2. Formen des Tassenkörpers aus gerollten Tonwürstchen. Zusammensetzen und Verbinden durch Anschlickern der Würstchen.
3. Ist die Grundform erstellt, können Strukturen mit den Modellierwerkzeugen eingeritzt bzw. eingedrückt und die Form mit weiteren Formen bzw. Figuren ausgestattet werden.
4. Das fertige Objekt kann aber auch glasiert werden und sollte möglichst gebrannt werden.

ZEITAUFWAND

mindestens eine Unterrichtsstunde

HINWEISE/TIPPS

- Die Würstchentechnik und das Verbinden von kleineren Tonteilen (Anschlickern) sind grundlegende Tontechniken.
- Die Formen der Gefäße können sehr unterschiedlich sein: Breite und enge, sich nach oben verbreiternde oder verengende usw.
- Es können funktionale aber auch fantastische Gebilde entstehen. Ein Obstschälchen kann mit Miniobst verziert, eine Tasse als „Schnabel-, Ohren-, Nasen- oder Mundtasse" ausgeformt oder mit originellen Henkeln versehen werden.

WERKBETRACHTUNG

- Schülerarbeiten
- eventuell Originale oder Abbildungen fantasievoller Tonpötte

ZIELVORSTELLUNG

Verschiedene farbige und plastische Materialien fantasievoll zu einem künstlichen Blumenblütenpflanztopf zusammenstellen.

MATERIAL

- gebrauchter Blumentopf mittlerer Größe
- Sand, angerührter Tapetenkleister, eventuell kleinere bis mittelgroße Kieselsteine
- farbige Stoffe, farbige Papiere (Schreibmaschinenpapier, Drachenbaupapiere, Transparentpapiere, Seidenpapiere, Servietten u. Ä.)
- Blumenbindedraht, Schere, Klebstoff, eventuell etwas Klebeband
- kleine Zweige, Äste oder Holzstäbe
- eventuell Dispersionsfarben, Borstenpinsel und geeignete Dekomaterialreste

ARBEITSWEISE
Einzelarbeit

1. Aussuchen und erstes Zurechtschneiden der Astabschnitte.
2. Die Farbmaterialien werden entsprechend gefaltet, geknüllt, zurecht geschnitten und am Ast befestigt.
3. Situationsbedingtes Gestalten mehrerer Äste, Zweige oder Holzstäbe.
4. Der Tontopf wird maximal zwei Drittel mit einer Mischung aus Kleister und Sand gefüllt.
5. Die Pflanzteile werden eingesteckt und gegebenenfalls mit den Kieselsteinen fixiert.
6. Nach dem Aushärten können weitere Ausstattungen und eventuell stellenweise Bemalungen vorgenommen werden.

ZEITAUFWAND

mindestens zwei Unterrichtsstunden

HINWEISE/TIPPS

- Mittelfristig Material sammeln (lassen) und eventuell eine kleine Materialtheke einrichten.
- Sollte eine mehr ausstattungsbedingte Gestaltung durch aufgehängte oder angebundene Teile erfolgen, können die Zweige/Äste von Ihnen auch vorher durch eine Gipsmasse im Tontopf fixiert werden.

WERKBETRACHTUNG

- Schülerarbeiten

ZIELVORSTELLUNG

Herstellung eines dreidimensionalen Bildes mit Hilfe aufgeklebter Figuren auf einer Grundfläche oder in einen bemalten Schachtelraum. (Gestaltung einer Szene, Raumaufteilung, Standfestigkeit und Stabilisierungsmöglichkeiten)

MATERIAL

- festes Kartonstück (Rückseite des Malblocks) mindestens Format DIN A4 oder Schuhschachtel, eventuell mit Deckel
- dünner Karton, Tonpapierreste oder stärkere Buntpapierreste
- Farbstifte
- Schere, Klebstoff
- eventuell Farbstifte, Wasserfarben, Deckweiß, Borstenpinsel
- eventuell zusätzliche Bau- und Ausstattungselemente (z. B. kleine Figuren, Naturmaterialien u. Ä.)

ARBEITSWEISE

Einzelarbeit

Partnerarbeit

1. Sich Ausdenken einer Bildsituation mit mehreren Ausstattungselementen. Eventuell Präsentation eines fertiggestellten Klappbildes aus dem Hobby-/Bastelbedarf.
2. Abklären der Herstellungsweise: Figuren mit Standfläche (Klebefalz) auf einem Grund.
3. Aufzeichnen und Bemalen der Figuren (Personen, Tiere, Pflanzen, Gebäude) mit Standfläche.
4. Ausschneiden und Aufkleben der Figuren.
5. Situationsangemessenes Bemalen der Standfläche bzw. der Schachtelinnenseiten.
6. Eventuell weiteres Ausstatten der Szene mit weiteren Materialien.

ZEITAUFWAND

circa zwei Unterrichtsstunden

HINWEISE/TIPPS

- Die Figuren sollten relativ einfach ausgeschnitten werden können (Zeitfaktor).
- Die Standfläche/der Klebefalz sollte nicht zu klein gewählt werden und kann später übermalt werden.
- Thematische Anregungen: Puppenstube, Märchenszene, Indianerdorf, Gespensterszene, Dinoland u. Ä.

WERKBETRACHTUNG

- Schülerarbeiten
- Bastelbögen, fertige Klappbilder

ZIELVORSTELLUNG	Vorgefundene Objekte werden mit unterschiedlichen Materialien verändert. Die Veränderungsprozesse richten sich nach den mitgebrachten Objekten. Anregungen erhält man durch gemeinsame exemplarische Überlegungen (brain storming) und das Materialangebot. Vielfältige Kombinations- und Verbindungstechniken werden angewandt.
MATERIAL	- mitgebrachte/gesammelte Objekte wie altes Spielzeug, Styroporformteile, defekte Haushaltsgeräte, Inliner usw. - Jogurt- u. a. Becher, Kunststoff- und Kartonverpackungsteile von Pralinen, Eiern, Obst usw., Knöpfe, Kronkorken, Nägel, Schrauben, kleine Dosen, Metallfolien, Reste von Dekomaterialien, farbige Papiere usw. - Klebstoff, Klebeband, doppelseitiges Klebeband, Schnüre, Wolle, Blumenbindedraht - eventuell Dispersionsfarbe und Borstenpinsel
ARBEITSWEISE *Einzelarbeit* *Partnerarbeit*	1. Sichten des Materials, Entwickeln von Umgestaltungsideen. 2. Erproben einer Idee. 3. Ausdifferenzieren des Objekts mit weiteren Materialien. 4. Eventuell Bemalen des gesamten Objekts oder einzelner Teile.
ZEITAUFWAND	circa 1-2 Stunden
HINWEISE/TIPPS	- Je nach Größe des Objekts und dem damit verbundenen zeitlichen Aufwand sind Einzel- oder Partnerarbeit möglich. - Die Aufgabe ist sehr stark von den Objekten und dem Materialangebot abhängig. Rechtzeitiges Sammeln, Ordnen und Aufbewahren ist notwendig. - Die neuen Objekte sollten vorgestellt und gegebenenfalls mit einem originellen Namen versehen werden.
WERKBETRACHTUNG	- Schülerarbeiten - Veränderungen aus dem Kunstbereich: z. B. Picasso: Pavian mit Jungen, Stierkopf - Veränderungen im Umweltbereich: z. B. Veränderungen in der Natur (Wetter, Laubfall, Moose, Flechten, Produktveränderungen wie z. B. platt gedrückte, angerostete Getränkedosen)

ZIELVORSTELLUNG	Herstellen, Bemalen und Erproben eines Kreisels. Anwenden einfacher Bearbeitungstechniken.
MATERIAL	- ein runder Bierfilz - naturfarbene oder bunte Holzstäbe - eine kleine Holzkugel mit Bohrung - Nagel o. a. spitzes Instrument, Spitzer - Wasserfarben, Haarpinsel, farbige Filzstifte, bunte Papiere, Schere, Klebstoff - eventuell Lineal, Geodreieck, Schablone oder andere Hilfsmittel zum Finden des Mittelpunktes
ARBEITSWEISE	1. Mit Hilfe einer Schablone o. a. Hilfsmitteln den Mittelpunkt des Bierfilzes festlegen und vorsichtig durchbohren. 2. Den Rundstab anspitzen und durch den Bierfilz stecken. 3. Zwischen Rundstabspitze und Bierfilz eine kleine Holzkugel stecken. Den Kreisel erproben. 4. Den Bierfilz wieder herausnehmen und bemalen bzw. bekleben. 5. Den fertigen Bierfilz wieder einstecken und ihn zusammen mit der Holzkugel mit etwas Klebstoff fixieren.
ZEITAUFWAND	circa 1–2 Stunden je nach Bemalung/Ausstattung des Kreisels
HINWEISE/TIPPS	- Statt konkreter Vorgehensweisen kann bei großem Materialangebot auch eine Experimentierphase vorangestellt werden: ● Wie findet man den Mittelpunkt? ● Was passiert, wenn man den Mittelpunkt nicht genau bestimmt? ● Welcher Kreisel dreht sich am besten? ● Was bewirkt die Holzperle? - Experimentieren mit Farbwirkungen und unterschiedlichen Kreiselgestaltungen: ● Welche Farben entstehen beim Kreisen? ● Sind beim Kreisen noch Figuren zu erkennen?
WERKBETRACHTUNG	- Schülerarbeiten - Kreisel und Kreiselspiele aus dem Spielwarenhandel

KÖRPER/RAUM	WAAGEN UND ANDERE KONSTRUKTIONEN	KLASSE 2-4

ZIELVORSTELLUNG	Aus handelsüblichen Holzmaterialien sollen unterschiedliche Waagen konstruiert werden. Dabei sollen motorische Fertigkeiten und der sachgemäße Umgang mit den Materialien und technische Fertigkeiten gefördert werden.
MATERIAL	- farbige oder naturbelassene Rundstäbe und gebohrte Eisstäbe
ARBEITSWEISE *Einzelarbeit*	1. Vorstellen und bei Erstbegegnung Erproben des Materials. Die SchülerInnen berichten über ihre Erfahrungen mit den Steck- und Kombinationsmöglichkeiten. 2. Bauen einer Waage durch Stecken und Kombinieren der beiden Ausgangsmaterialien. 3. Erproben der Waagen mit Gewichten und Objekten. 4. Ausstellen und Besichtigen der Objekte. 5. Vorsichtiges Abbauen und Aufräumen.
ZEITAUFWAND	mindestens eine Stunde mit Versuchen
HINWEISE/TIPPS	- Der Aufbau bzw. die Konstruktion der Waagen kann sich an bekannten Vorbildern orientieren. - Es sollte genügend Baumaterial zur Verfügung stehen. Die Materialien können immer wieder verwendet werden. - Die Waagen sollten durch einfache Wiegeversuche erprobt werden. - Fotografieren der Bauten eventuell mit den kleinen Konstrukteuren.
WERKBETRACHTUNG	- Schülerarbeiten

KÖRPER/RAUM	BUNTE STANDVÖGEL UND ANDERE TIERE	KLASSE 2-4

ZIELVORSTELLUNG	Aus Karton, Pappe und eventuell Kleisterpapier sollen kleine Dekorationsobjekte zum Aufstellen hergestellt werden. Dabei können unterschiedliche Motive berücksichtigt werden.
MATERIAL	- Pappstücke, Pappstreifen, eventuell etwas Kleister und Zeitungspapier - Schere, Klebstoff, etwas Klebeband und doppelseitiges Klebeband - Sockel mit rundem Bohrloch (Holzklotz, Brettabschnitt oder Baumscheibe, eibe-Kreativmaterial u. Ä.) - Rundstab (circa 40 cm), an einem Ende einige Zentimeter eingesägt - Flüssigfarben, Borstenpinsel - zusätzliche Bau-, Ausstattungselemente abhängig von der Themenstellung/Bauausführung (z. B. bunte Federn, Pompons u. a. Dekomaterialien, Naturmaterialien, Stoffreste, Geschenkpapierreste usw.)
ARBEITSWEISE *Einzelarbeit* *Partnerarbeit*	1. Vorstellen des Sockels bzw. des Gerüsts. 2. Gemeinsames Finden von Gestaltungsaufgaben (Tier- und andere Figuren). 3. Skizzieren und Ausschneiden der Figur. Es können auch zusätzliche Figurenteile ausgeschnitten und angeklebt oder mit Kleisterpapier überarbeitet werden. 4. Festigen der Figur am Rundstab. 5. Bemalen und Ausstatten der Figur.
ZEITAUFWAND	je nach Ausstattung und Bemalung insgesamt circa 2 Unterrichtsstunden
HINWEISE/TIPPS	- Möglichst unterschiedliche Formen und Figuren finden, eventuell von den Schülern an der Tafel skizzieren lassen. - Der Karton sollte zwar stabil aber noch mit der Schere gut schneidbar sein. - Das Objekt kann zum besseren Bemalen und Ausstatten am Standgerüst befestigt werden. Eine stabile Verbindung (zum Beispiel mit mehreren Schichten Kleisterpapier) ist dafür Voraussetzung.
WERKBETRACHTUNG	- Schülerarbeiten - Dekorationsobjekte bzw. Abbildungen von Dekorationsobjekten in Katalogen, Prospekten, Zeitschriften - Kunstobjekte (z. B. Jäger, Corneille, Antes usw.)

ZIELSETZUNG

Aus ihren Erlebnis- und Erfahrungsbereichen heraus entwickeln die SchülerInnen Gestaltungsideen zu künstlich geschaffenen Wasserläufen oder brunnenähnlichen Gebilden und setzen ihre Vorstellungen plastisch um.

MATERIAL

- Grundplatte aus Pressspan mindestens in DIN-A3-Größe
- Zeitungspapier, Tapetenkleister, Papiermaché
- zur weiteren Ausstattung z. B.: Styroporformteile, Styroporbruchstücke, Schachteln, Kunststoffbecher, Eierbecher, Pappröhren u. Ä.
- weiße Dispersionsfarbe (Eimer), Wasser- oder Dispersionsfarben, Borstenpinsel
- eventuell einige Naturmaterialien (Rinden- und Aststückchen, kleinere Steine, Moose usw.) oder Deko- bzw. Abfallmaterialien

ARBEITSWEISE

Einzelarbeit

Partnerarbeit

Gruppenarbeit

1. Zeitungspapier knüllen, in Kleister tauchen und die Landschaft grob ausformen. Gleichzeitig die kleineren Schachteln, Deckel, Dosen oder Styroporteile integrieren und diese mit mehreren Schichten Kleisterpapier fixieren.
2. Eventuell weiteres Ausgestalten des Objekts mit Papiermaché und Natur- o. a. Materialien.
3. Trocknen lassen (einige Tage).
4. Nach dem Trocknen kann endgültig bemalt werden.

ZEITAUFWAND

insgesamt mindestens 2 Stunden

HINWEISE/TIPPS

- Die hergestellten Wasserläufe können eventuell konkret erprobt werden.
- Es sind, abhängig von der Größe des Objekts und dessen reichhaltiger Ausstattung, verschiedene Arbeitsformen (Einzelarbeit, Partnerarbeit oder Gruppenarbeit) möglich.

WERKBETRACHTUNG

- Schülerarbeiten
- Abbildungen von Brunnen und brunnenähnlichen Anlagen

ZIELVORSTELLUNG

Aus gesammelten Ästchen und Astabschnitten sollen unterschiedliche Klettergerüstbauten errichtet werden. Unterschiedliche Verbindungstechniken sowie Stabilitäts- und Gestaltungsgesichtspunkte werden dabei erfahren.

MATERIAL

- verschiedene Ästchen und Astabschnitte aus Wald und Flur in unterschiedlichen Längen bzw. Stärken
- Gartenschere
- Schnüre, Wollreste, Blumenbindedraht, Schere
- Ausstattungsgegenstände wie Drahtgeflechte, Kunststoffnetze (Obstnetze), Stoffreste usw., eventuell etwas Klebeband

ARBEITSWEISE
Einzelarbeit

Partnerarbeit

1. Vorstellen bzw. Sammeln des Baumaterials.
2. Gemeinsames Finden von Bauaufgaben, im Besonderen der mögliche Aufbau eines Abenteuerklettergerüsts.
3. Konstruieren eines Grundgerüsts. Dabei müssen mindestens drei Äste zeltartig miteinander verbunden werden.
4. Versteifen/Stabilisieren des Grundgerüsts durch vielfältige Verstrebungen. Eventuell Ergänzen des Grundgerüsts durch weitere „Standpfeiler".
5. Ausstatten des Objekts mit besonderen Kletter- und Aktionsmöglichkeiten.
6. Bauen und Besichtigen.

ZEITAUFWAND

mindestens eine Stunde

HINWEISE/TIPPS

- Das Material kann auf einem Lerngang gesammelt oder von den SchülerInnen mitgebracht werden.
- Bauvorschläge sammeln, eventuell unterschiedliche Bauaufgaben (Drei-, Vier-, Fünfstangenklettergerüst) anregen.
- Für die Konstruktionsarbeit ist zunächst Partnerarbeit sinnvoll, da die anfängliche Instabilität des Grundgerüsts gleichzeitig durchzuführende Aktivitäten (halten, verbinden, verknoten) erfordert.
- Alternative Aufgabenstellungen: Ein komischer Hochsitz für Großwildjäger, ein Astturm, Pfahlbau u. Ä.
- Fotografieren der Bauten mit den kleinen Konstrukteuren.

WERKBETRACHTUNG

- Schülerarbeiten
- Gerüstkonstruktionen unterschiedlicher Art: Hochspannungsmasten, Hochsitze, Klettermöglichkeiten auf Spielplätzen, Pfahlbauten usw.
- Kunstbetrachtung: Mo Edoga „Signalturm der Hoffnung"

ZIELVORSTELLUNG

Eine oder mehrere Figuren werden auf einen Gegenstand bezogen und damit eine Situation beziehungsweise eine Beziehung hergestellt.

MATERIAL

- Ton oder ähnliche Modelliermassen (pro SchülerIn mindestens doppelte Kinderfaustgröße)
- Unterlage (Malblockpappe o. Ä.)
- Modellierwerkzeuge wie Pinselstil, Bleistift, Nagel, Holzstöckchen, Füllerkapsel, falls vorhanden auch Modellierhölzer

ARBEITSWEISE

Einzelarbeit

1. Bei erstmaliger Arbeit mit Ton sollten Sie eine kurze Experimentierphase gestatten und die Erfahrungen mit dem Material verbalisieren lassen.
2. Eventuell Formen der kleinen Grundplatte mit den Händen durch Kneten, Drücken usw. möglichst aus einem Stück heraus.
3. Formen des Bootskörpers aus Tonplatten oder Tonwürstchen. Zusammensetzen und Verbinden durch Anschlickern.
4. In das Boot werden eine oder mehrere Figuren integriert.
5. Strukturen werden mit den Modellierwerkzeugen eingeritzt bzw. eingedrückt.
6. Das fertige Boot kann an der Luft trocknen, sollte aber besser gebrannt werden.

ZEITAUFWAND

mindestens eine Unterrichtsstunde

HINWEISE/TIPPS

- Als grundlegende „Tontechniken“ werden das Formen aus einem Tonklumpen heraus, die Plattentechnik, die Würstchentechnik und das Verbinden von kleineren Tonteilen (Anschlickern) erprobt und ausgeführt.

WERKBETRACHTUNG

- Schülerarbeiten
- Kleinplastiken z. B. von Fischli/Weiß

ZIELVORSTELLUNG	Aus zusammengerollten Zeitungspapierseiten als Baumaterial sollen bedingt tragfähige Konstruktionen hergestellt werden.
MATERIAL	- Zeitungen - etwas Klebstoff und/oder Klebeband, Schere - Blumenbindedraht, Schnur- oder Wollreste - eventuell kleine Zange für den Draht - eventuell Kartongrundplatte oder Schachtel
ARBEITSWEISE	1. Jeweils eine (bis maximal drei) Zeitungsseite(n) werden möglichst eng diagonal zusammengerollt. Es entsteht bei engem Rollen eine relativ stabile Papierröhre.
Partnerarbeit	2. Die Papierröhre wird durch etwas Klebeband circa in der Mitte gegen das Wiederaufrollen gesichert. An den beiden äußeren Enden wird die Röhre mit etwas Klebeband stabilisiert. Lose Enden können entsprechend abgeschnitten werden.
Gruppenarbeit	3. Jede/r Schüler/in stellt mindestens 7-10 Papierröhren her. 4. Man einigt sich auf ein Thema und beginnt mit dem Bauen. Falls notwendig können auch Papierröhren entsprechend ab- bzw. zugeschnitten werden. 5. Die Teile werden mit Blumenbindedraht oder stabilen Wollresten oder etwas Klebeband zusammengebunden. Es sollte eine möglichst stabile Konstruktion entstehen.
ZEITAUFWAND	circa zwei Stunden
HINWEISE/TIPPS	- Das Einrollen und Fixieren der Papierröhre sollte demonstriert werden. Nicht jeder Versuch klappt von Anfang an. - Das Papier kann am Anfang zunächst fein gefaltet und dann gerollt werden. - Es können unterschiedliche Themen und Aufgaben in technischen und figürlichen Bereichen realisiert werden. - Mit Blumenbindedraht lassen sich schneller Verbindungen herstellen. Ein weiterer Vorteil ist, dass auch kurzfristige provisorische Verbindungen möglich sind.
WERKBETRACHTUNG	- Schülerarbeiten - Exemplarische Konstruktionsprinzipien aus dem Alltag

ZIELVORSTELLUNG

Formen und Bemalen eines Spielfigurenkopfes für Stabpuppen oder Handpuppen nach individuellen Vorstellungen.

MATERIAL

- Modelliermassen, eventuell auch Papiermaché (pro SchülerIn mindestens eine Kinderfaustgröße)
- eventuell Rundholz circa mit Kinderfingerumfang, kleine Holzplatte mit Bohrloch als Arbeitsständer
- Modellierwerkzeuge wie Pinselstil, Bleistift, Nagel, Holzstöckchen, falls vorhanden auch Modellierhölzer

ARBEITSWEISE

Einzelarbeit

1. Bei erstmaliger Arbeit mit Modelliermassen sollten Sie eine kurze Experimentierphase gestatten und die Erfahrungen mit dem Material verbalisieren lassen.
2. Grobes Ausformen des Kopfes aus einem Materialklumpen heraus. Mit einem Finger wird am Halsansatz ein „Führungsloch" hinein gebohrt.
3. Der Kopf wird auf das Rundholz gesteckt und differenzierter ausgeformt. Das Ansetzen von Teilen sollte aus Stabilitätsgründen vermieden werden.
4. Da am Hals später die Kleidung befestigt wird, muss dieser entsprechend lang und stabil ausgeformt sein.
5. Strukturen werden mit den Modellierwerkzeugen eingeritzt bzw. eingedrückt.
6. Das fertig geformte und getrocknete Objekt wird bemalt.

ZEITAUFWAND

mindestens 15 Minuten für das Formen eines Kopfes mit Modelliermasse, für größere Köpfe mit „Innenausbau" mindestens eine Stunde

HINWEISE/TIPPS

- Für größere Köpfe sollte ein leichter Innenaufbau gewählt werden (z. B. Styroporkugel, Styroporbruchstücke, geknülltes Zeitungspapier, Schaumstoffflocken in einen alten Strumpf gepresst u. Ä.).
- Das Gesicht kann mit Papiermaché ausgeformt und mit mehreren Schichten Kleisterpapier bzw. mit Gipsbinden fixiert werden.
- Bei Stabpuppen kann der Kopf mit Hilfe von umwickeltem und geknülltem Zeitungspapier vorgeformt und mit Blumenbindedraht am Stab fixiert werden. Weitere Ausformung wie oben beschrieben.

WERKBETRACHTUNG

- Schülerarbeiten
- eventuell Originale oder Abbildungen unterschiedlichster Spielfiguren

KÖRPER/RAUM	KLING-, KLANG- UND KLAPPEROBJEKTE	KLASSE 3–4

ZIELVORSTELLUNG

Aus vorgefundenen Materialien wird ein Objekt zusammengestellt, das durch Bewegung Geräusche erzeugen soll. Anregungen erhält man durch ein vielfältiges Materialangebot. Dabei können vielfältige Verbindungstechniken angewandt werden.

MATERIAL

- mitgebrachte/gesammelte Materialien wie Konservendosen, Drahtgeflecht, Knöpfe, Kronkorken, Nägel, Schrauben, Muttern, Beilegscheiben, Metallringe, Metallfolien, Metall- und Kunststoffteile, Hammer
- Blumenbindedraht, Marionettenfaden, Schnüre, Bänder u. Ä.
- Holzstücke, Astabschnitte, Kleiderbügel, Standgerüst aus Baumscheibe und Rundholz

ARBEITSWEISE

Einzelarbeit

Partnerarbeit

Gruppenarbeit

1. Sichten des Materials. Entwickeln und Erproben von Materialzusammenstellungen und Gestaltungsideen.
2. Konstruieren eines Objekts mit einer Aufhängevorrichtung oder als Standobjekt mit Sockel.
3. Ausdifferenzieren des Objekts mit weiteren Materialien.
4. Erproben/Beobachten des Objekts in Aktion.

ZEITAUFWAND

circa zwei bis drei Stunden

HINWEISE/TIPPS

- Die optische und klangliche Ausdifferenzierung kann völlig frei oder auch thematisch eingebunden erfolgen (Vogelwegscheucher, Klapperschlangenfresser, Türklinger usw.).
- Die Aufgabe ist sehr stark vom Materialangebot abhängig. Rechtzeitiges Sammeln, Ordnen und Aufbewahren ist notwendig.
- Es kann auch im Freien gearbeitet werden. Als Aufhängevorrichtung dienen dann Baumäste.
- Einige Materialien wie Dosen, Kronkorken usw. müssen erst mit einem Loch versehen werden. In den meisten Fällen geht das mit Hammer, Nagel und einer Holzunterlage. Komplizierte Bohrungen sollten Sie eventuell mit einem Akkubohrer selbst vornehmen.

WERKBETRACHTUNG

- Schülerarbeiten, Demonstration, „Aufführung"
- Klangobjekte z. B. von Y. Tanguely

ZIELVORSTELLUNG

Herstellung fast naturgetreuer Back- und Konditoreiwaren aus einem Papiermachéklumpen heraus. Die Stücke werden entsprechend bemalt, angeordnet und präsentiert.

MATERIAL

- Papiermaché (pro SchülerIn mehrere Klumpen mindestens in Kinderfaustgröße)
- Unterlage (Karton oder Platte, Format circa DIN A4), Zeitungspapier
- eventuell einfachste Modellierwerkzeuge wie Pinselstil oder Bleistift
- eventuell kleine Ausstattungs- und Präsentationsgegenstände (bunte Sträuße u. Ä.; Dekomaterial, Körbchen, Schale, Teller, Tuch oder Servietten)
- weiße Dispersionsfarbe (Eimer), Wasser- oder Dispersionsfarben, Borstenpinsel

ARBEITSWEISE

1. Formen mit den Händen aus einem Papiermachéklumpen heraus. Das Ansetzen von Teilen sollte aus Stabilitätsgründen vermieden werden.
2. Die geformten Objekte zum Trocknen auslegen.
3. Bemalen der Objekte möglichst in den originalen Gegenstandsfarben.
4. Anordnen und Präsentieren.

ZEITAUFWAND

für die reine Formungs- und Modelliertätigkeit nur einige Minuten pro Figur

HINWEISE/TIPPS

- Bei einer Erstbegegnung mit Papiermaché circa 5 Minuten experimentieren/erproben lassen und die Erfahrungen/Materialeigenschaften zur Sprache bringen.
- Aufgrund der relativ kurzen Formungstätigkeit sollte jeder Schüler/jede Schülerin mehrere, teilweise auch unterschiedliche Figuren herstellen.
- Die Objekte sollten zum Trocknen auf Zeitungspapier gelegt werden. Das Papier lässt sich nach dem Trocknen (einige Tage) leicht abreißen.
- Auch bei sorgfältigstem Glattstreichen des Papiermachés entsteht nach dem Austrocknen eine raue Oberfläche. Durch zusätzliches Ummanteln mit Kleisterpapier erreicht man eine glattere Oberfläche.
- Deckendes Bemalen erreicht man durch vorhergehendes Grundieren mit weißer Dispersionsfarbe bzw. durch Abmischen der Farben mit Weiß.

WERKBETRACHTUNG

- Schülerarbeiten

KÖRPER/RAUM	EINBEIN- UND ANDERE FANTASIEFIGUREN	KLASSE 3-4

ZIELSETZUNG

Aus einzeln geformten Teilen wird eine fantasievolle Figur zusammengestellt, bunt bemalt und mit wenigen Dekomaterialien ausgestattet. Dabei werden unterschiedliche Formungs- und Verbindungstechniken angewandt.

MATERIAL

- Styroporteile, Verpackungsformteile u. Ä.
- kleine Handsäge (Fuchsschwanz o. Ä.), Raspel
- für das Standgerüst bzw. den Sockel: Abschnitt eines Holzbrettchens bzw. ein Holzklotz, Baumscheibe oder Holzpflasterstein mit Bohrloch, stabiler Draht circa 20–25 cm lang, Akkubohrer
- eventuell Zeitungspapierstücke, Kleister
- weiße Dispersionsfarben zum Grundieren, Wasser- oder Dispersionsfarben, Borsten- und Haarpinsel unterschiedlicher Größe
- Dekomaterialien (z. B. Federn, Pompons, Holzperlen, Wollreste usw.)

ARBEITSWEISE

Einzelarbeit

Partnerarbeit

1. Bauen des Gerüsts: In das vorgefertigte Holzstück wird ein Loch gebohrt, in das Bohrloch wird der Draht gesteckt.
2. Herstellen einzelner Körperteile aus Styroporabfällen durch Sägen, eventuell auch Schneiden und Raspeln.
3. Einstecken der Teile in gewünschter Position.
4. Eventuell Überarbeiten der Figur mit Kleisterpapieren.
5. Grundieren der Teile mit weißer Dispersionsfarbe, Bemalen und Ausstatten des Objekts mit kleineren Dekomaterialien.

ZEITAUFWAND

insgesamt mindestens 2 Stunden

HINWEISE/TIPPS

- Beim Sägen und Raspeln von Styroporteilen sollte möglichst im Freien gearbeitet werden, da sich die Teile elektrostatisch aufladen und nur schwer zusammenzukehren sind.
- Das Material kann auch kurzfristig gesammelt werden (Elektro- und Computershops).
- Die Figuren sollten ihrem Aussehen entsprechende Namen bekommen, z. B. im Bereich Mensch, Breitfuß, Kopffuß, Riesenbauch, Blaukopf, Einbein, Langhals, Vogelmensch usw.

WERKBETRACHTUNG

- Schülerarbeiten
- Kunstbetrachtung: Plastiken/Kleinplastiken von Miró, Jäger, Janosch, Alt u. a.

ZIELVORSTELLUNG	Aus einzelnen Astabschnitten und Schnüren wird ein möglichst in sich stabiles Floß zusammengebaut und mit Ruder/-n und sonstigen Aufbauten ausgestattet.
MATERIAL	- möglichst gerade Astabschnitte für mehrere Längshölzer und einige Querhölzer - Schnur, Schere - Handsäge, Fuchsschwanz o. Ä. - eventuell Holzreste (Abfallholz) sowie unterschiedliche Materialien zur weiteren Ausstattung (Stoffreste, Blumenbindedraht, Klebstoff usw.)
ARBEITSWEISE *Einzelarbeit* *Partnerarbeit*	1. Erläuterung der Aufgabenstellung. Ziel ist zunächst, ein in sich stabiles Floß durch geschicktes Zusammenbinden sowie durch stabilisierende Querhölzer herzustellen. 2. Erproben von unterschiedlichen Vorgehensweisen. 3. Vorstellen einiger Möglichkeiten. 4. Endgültiges Herstellen des Floßkörpers. 5. Materialbedingtes Ausstatten des Floßes.
ZEITAUFWAND	insgesamt circa 2 Stunden
HINWEISE/TIPPS	- Für diese Arbeit ist zumindest stellenweise Partnerarbeit sinnvoll. - Schnüre sollten möglichst sparsam verwendet werden. - Astabschnitte besorgt man sich am besten im Herbst oder im Vorfrühling, wenn Hecken und Sträucher zurückgeschnitten werden. - Nach der eher technisch orientierten Herstellung des Floßes können die Aufbauten/die Ausstattung nach individuellen Vorstellungen vorgenommen werden (Ruder, Masten, Segel, Überdachungen, Geländer, Fähnchen, Häuschen, Sitzgelegenheiten usw.).
WERKBETRACHTUNG	- Schülerarbeiten - eventuell Abbildungen besonderer Floßaktionen (z. B. von H. J. Voth)

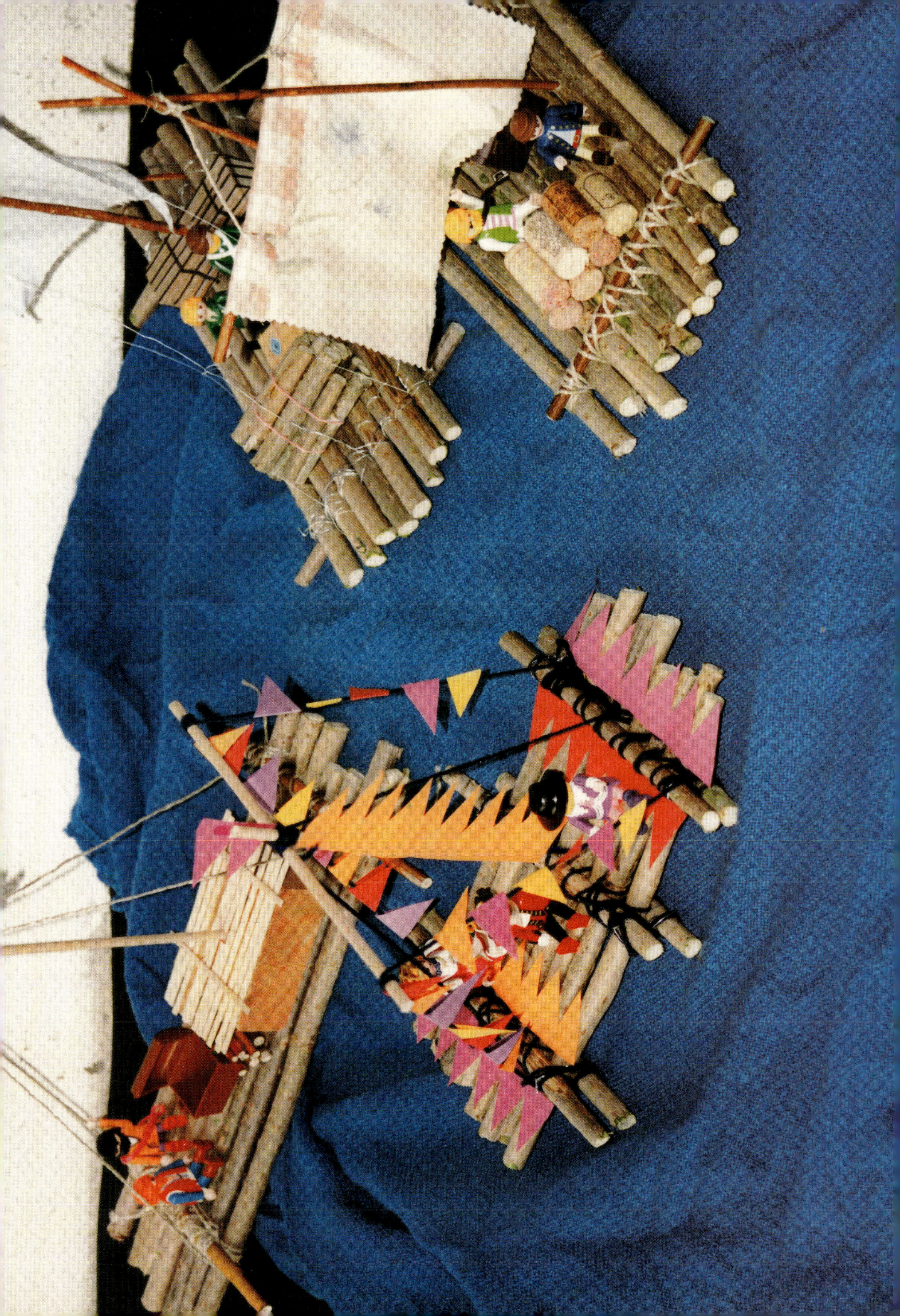

ZIELSETZUNG

Die Schülerinnen und Schüler entwickeln aus ihren Erlebnis- und Erfahrungsbereichen heraus Ideen zu Höhlenlandschaften. In die Landschaft können mitgebrachte oder selbst hergestellte Figuren integriert werden (siehe auch Steinzeitmenschen, Tiere usw.).

MATERIAL

- stabile Obstkartons, stabile Schachteln oder Grundplatte aus Pressspan
- kleinere Schachteln, Klorollen, Abschnitte größerer Papprollen
- Zeitungspapier, Tapetenkleister, eventuell auch Papiermaché
- weiße Dispersionsfarbe (Eimer), Wasser- oder Dispersionsfarben, Malerpinsel, Borstenpinsel
- eventuell einige Naturmaterialien (Rindenstückchen, kleinere Steine, Moose, Heu, Stroh usw.)

ARBEITSWEISE

Einzelarbeit
Partnerarbeit

1. Zeitungspapier knüllen, in Kleister tauchen und die Landschaft ausformen. Auch kleine Schachteln und zerknülltes Zeitungspapier können zu einer „Groblandschaft" geformt und mit drei bis vier Lagen Kleisterpapier überklebt werden.
2. Trocknen lassen (einige Tage).
3. Eventuell Grundieren mit weißer Dispersionsfarbe. Nach dem Trocknen kann endgültig bemalt werden.
4. Eventuell Ausstatten des Objekts mit Naturmaterialien und Figuren.

ZEITAUFWAND

insgesamt circa 3 Stunden

HINWEISE/TIPPS

- Sehr gut geeignet sind stabile Obstkartons, die Sie mit einem Cutter in der Mitte durchschneiden.
- Es können abhängig vom späteren Verwendungszweck verschiedene Höhlensituationen entstehen, z. B. großräumige Höhlen aus Schachteln, mehrere kleine Höhlen aus Papprollen.
- Zusätzlich zur Höhlenlandschaft können aus Papiermaché sitzende oder liegende Tiere hergestellt und später in die Landschaft einbezogen werden.

WERKBETRACHTUNG

- Schülerarbeiten

ZIELVORSTELLUNG	Bei dieser Aufgabe sollen aus beschränkten Ausgangsmaterialien möglichst kreative Bauten entstehen. Dabei sollen Möglichkeiten und Grenzen der Baustoffe erfahren und vielfältige Konstruktionstechniken entwickelt werden.
MATERIAL	- Styroporplatten, Styroporformteile, Depronplatten, Schreibmaschinenpapier und Zahnstocher - Schere, eventuell Cutter oder kleine Säge bzw. Styroporschneidegerät
ARBEITSWEISE	1. Die Baumaterialien werden vorgestellt. Aufgabe ist, die Materialien möglichst fantasievoll zu kombinieren und einen Bau bzw. eine Bausituation zu entwickeln. 2. Experimentieren mit den Materialien, anschließend eher assoziatives Vorgehen, mit unterschiedlichen Verbindungs- und Kombinationstechniken. 3. Präsentieren und Vorstellen der Arbeiten.
ZEITAUFWAND	circa eine Stunde
HINWEISE/TIPPS	- Sie sollten nur im äußersten Notfall mit Hilfen oder Anregungen eingreifen. Die Schülerinnen und Schüler sollten weitgehend sich selbst überlassen bleiben.
WERKBETRACHTUNG	- Schülerarbeiten - eventuell Kunstbeispiele mit ungewöhnlichen, fantasievollen Materialverbindungen

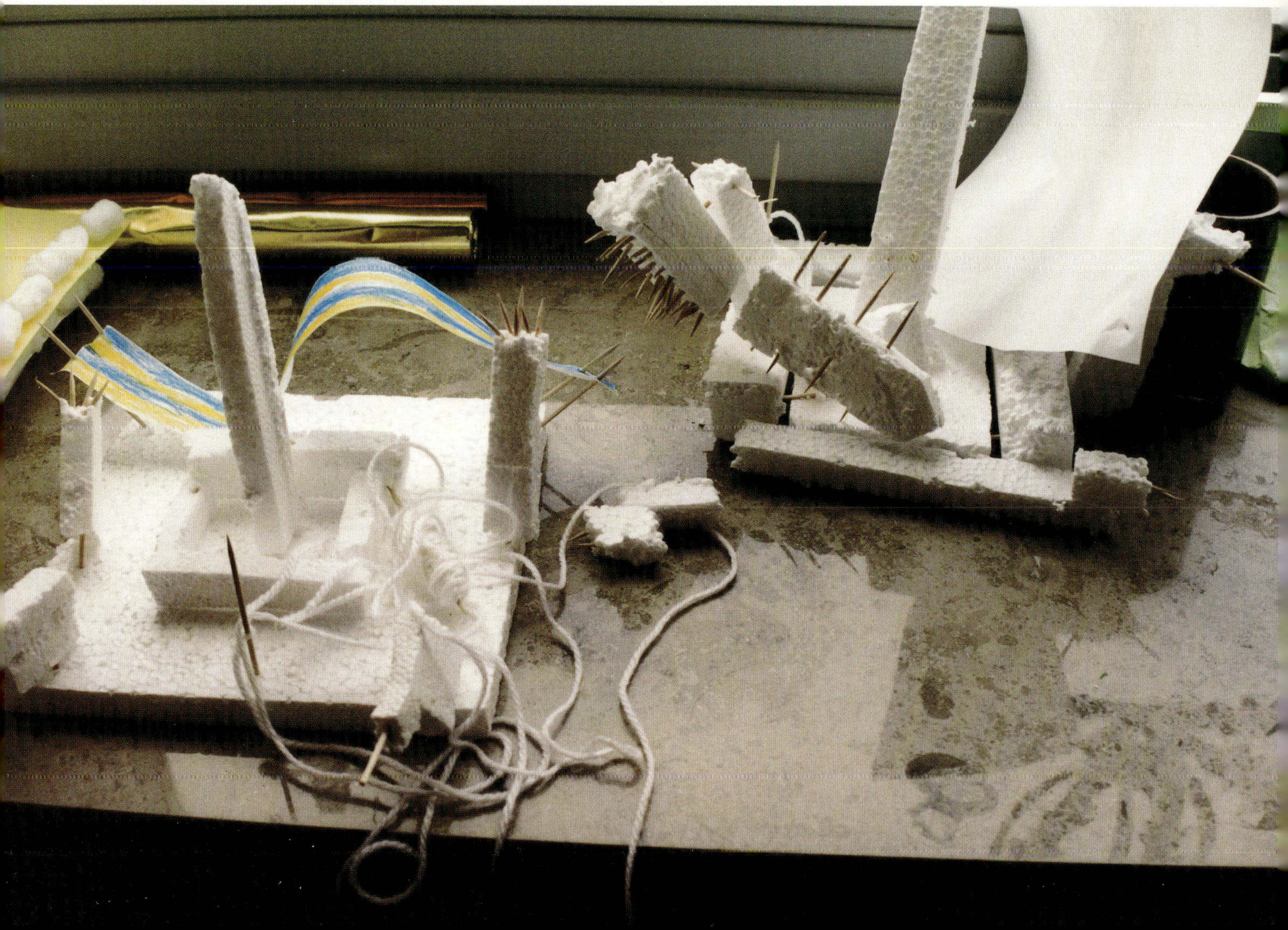

KÖRPER/RAUM	FANTASIEFIGUR AUS NATURMATERIALIEN	KLASSE 3-4

ZIELSETZUNG

Aus unterschiedlichen Naturmaterialien wird eine möglichst fantasievolle Figur zusammengestellt. Dabei werden unterschiedliche Formungs- und Verbindungstechniken angewandt.

MATERIAL

- Naturmaterialien wie Heu, Stroh, welke Maisblätter und Strünke, Wurzel- und Aststücke, Rinde, Kastanien usw.
- Blumenbindedraht, eventuell etwas Bast und stabiler Draht

ARBEITSWEISE

Einzelarbeit
Partnerarbeit

1. Zunächst wird eine Grund- bzw. Ausgangsform ausgewählt (z. B. Wurzel- oder Aststücke, großes Rindenstück oder Strunk). Die ausgewählten Teile können durch andere Materialien (Grasbüschel, Heu, Stroh, Rinden usw.) und durch Umwickeln mit Blumenbindedraht weiter aus- und aufgebaut werden. Oder es wird eine Grundform aufgebaut. Dies geschieht durch Zusammenknüllen von Heu oder durch Zusammenstellen von Stroh, Rindenteilen oder Aststücken. Das Gebilde wird durch Umwickeln mit Bindedraht fixiert.
2. Diese Grundform kann durch angebundene, eingebundene oder eingesteckte Teile weiter ausgestaltet werden.

ZEITAUFWAND

circa ein bis zwei Stunden

HINWEISE/TIPPS

- Für diese Arbeit ist zumindest stellenweise Partnerarbeit sinnvoll und notwendig.
- Es sollten im Gegensatz zu den bekannten Kastanienfiguren, Rübengeistern oder Kürbisköpfen möglichst fantasievolle Figuren entstehen.
- Als motivische Anregungen können Objektnamen vorgegeben (Wurzelmännchen, Heumonster, Strunker, Rindengeist) oder später von den Schülern gefunden werden.
- Es können eventuell auch Fantasiegeschichten zu dieser Thematik eingesetzt werden.

WERKBETRACHTUNG

- Schülerarbeiten
- Afrikanische Fetischfiguren aus Naturmaterialien

ZIELVORSTELLUNG	Viele möglichst gleichartige Materialien sollen durch unterschiedliche Gruppierungsformen zu einem Industriegelände oder einem Materiallagerplatz zusammengestellt werden. Dabei sollen verschiedene Anordnungen erprobt und auch gegensätzliche Ordnungsformen realisiert werden.
MATERIAL	- stabile Unterlage (Karton, Pressspan-, Hartfaser- oder Sperrholzplatte, Format circa DIN A3) - Materialien zum Aufkleben: z. B. Korken, Streichholzschachteln, kleine Astabschnitte, kleine Papp- und andere Röhren, Filmdosen, Kunststoffteile, kleine Styroporformteile, Schaschlikstäbchen, Zahnstocher, Holzklötzchen, Besenstielabschnitte, Eierkartons, Minijogurtbecher, Schaumstoffteile usw. - eventuell Schere und Messer - Klebstoff, Klebeband, doppelseitiges Klebeband, Schnüre, Draht, Gummis usw., evtl. Heißklebepistole - eventuell Dispersionsfarben zum (teilweisen) Übermalen des Objekts, Borstenpinsel
ARBEITSWEISE *Einzelarbeit* *Partnerarbeit*	1. Sichten und Auswählen des Materials. 2. Erproben und Anordnen der Teile. Eventuell Bearbeiten (zuschneiden, abschneiden) einzelner Materialien. 3. Ankleben der Teile. 4. Eventuell Bemalen des Geländes.
ZEITAUFWAND	ohne Bemalung mindestens 30 Minuten
HINWEISE/TIPPS	- Die Besonderheiten von Industriegeländen und Materiallagerplätzen sollten erörtert und die unterschiedlichen Ordnungs- und Gruppierungsformen benannt werden. - Mittelfristiges Sammeln der Materialien ermöglicht vielfältige Erscheinungsformen. Präsentation an einer Materialtheke. - Auf sparsame Verwendung von Klebstoffen achten! - Statt einer Industrielandschaft bzw. ergänzend dazu kann mit kleinen Naturmaterialien ein Objektbild mit anderen Ordnungsformen entstehen. - Durch Bemalen kann der Eindruck einer gleichförmigen Ordnung verstärkt werden.
WERKBETRACHTUNG	- Schülerarbeiten - Luftaufnahmen von Industriegeländen

ZIELVORSTELLUNG	Ein aufgeblasener Luftballon wird mit Kleisterpapier ummantelt. Der Kopf und das Gesicht können ebenfalls mit Kleisterpapier weiter ausgeformt, mit diversen Materialien ausgestattet und bemalt werden.
MATERIAL	- Luftballon, Zeitungspapierschnipsel, Kleister, evtl. etwas Papiermaché - Stück einer Verpackungsrolle aus Pappe (Länge ca. 10-15 cm, Durchmesser mindestens 10 cm), etwas Klebeband - Ausstattungsmaterialien: Fellreste, Wollreste, alte Brillen usw. - weiße u. a. Dispersionsfarben oder Wasserfarben, Borstenpinsel
ARBEITSWEISE *Einzelarbeit* *Partnerarbeit*	1. Der Luftballon wird bis etwa Schülerkopfgröße oder etwas größer aufgeblasen und verknotet. 2. Das zugebundene Ende des Luftballons wird durch das Pappröhrenstück gezogen und an deren Außenseite mit Klebeband befestigt. 3. Der Luftballon wird mit mehreren Lagen Kleisterpapier möglichst glatt ummantelt. Bei dieser Tätigkeit bietet sich Partnerarbeit an. Die Zeitungspapierschichten verleihen dem Kopf nach dem Trocknen eine hohe Stabilität. 4. Ausformen des Gesichts (Nase, Augenbrauen, Mund usw.) mit etwas Papiermaché. Überarbeiten der Stellen mit Kleisterpapier. Trocknen lassen. 5. Nach dem Trocknen wird der Kopf zunächst weiß grundiert bzw. die Farbe mit Weiß abgemischt und dann endgültig bemalt. Anbringen weiterer Ausstattungsmaterialien.
ZEITAUFWAND	circa eine Stunde für das Ummanteln und Ausformen des Kopfes, circa eine Stunde für die Bemalung
HINWEISE/TIPPS	- Für das Einkleistern empfehle ich Partnerarbeit, denn dann kann jeweils ein Schüler Zeitungspapier in Stücke reißen und die/der andere das Papier aufkleistern. - Bei Einzelarbeit sollten vor dem Einkleistern viele Zeitungspapierfetzen vorgerissen werden, denn mit Kleisterfingern gibt es bei dieser Tätigkeit des öfteren Schwierigkeiten. - Als standfeste Sockel können auch alte Innenteile von blechernen Gugelhupfformen, andere röhrenartige Gebilde oder Holzpflastersteine verwendet werden.
WERKBETRACHTUNG	- Schülerarbeiten - Büsten und Abbildungen von Büsten aus der bildenden Kunst

Alte Träume
Mikado

ZIELVORSTELLUNG

Anrühren von Kleister und Herstellen einer formbaren Kleister-Sägemehl-Mischung. Formen von Figuren aus einem Materialklumpen heraus.

MATERIAL

- Tapetenkleister, Eimer, Wasser, Stock zum Umrühren
- Sägemehl, Schüsseln
- Unterlage (kleine Sperrholz-, Pressspan- oder Kunststoffplatte, Format circa DIN A4)
- eventuell einfachste Modellierwerkzeuge wie Pinselstiel oder Bleistift

ARBEITSWEISE

1. Gebrauchsanweisung lesen, Kleister anrühren.
2. Etwas fertigen Kleister in die Schüssel geben, nach und nach Sägemehl dazugeben und gut durchkneten. Die Masse ist fertig, wenn sie sich nicht mehr selbstständig verformt.
3. Formen mit den Händen aus einem Materialklumpen heraus. Das Ansetzen von Teilen sollte möglichst vermieden werden.

ZEITAUFWAND

für die reine Formungs- und Modelliertätigkeit mindestens 10 Minuten

HINWEISE/TIPPS

- Bei einer Erstbegegnung mit diesem Werkstoff circa 5-10 Minuten experimentieren und erproben und die Erfahrungen mit den Materialeigenschaften zur Sprache bringen.
- Soll die Figur später auch ohne Unterlage stehen, liegen oder sitzen, sollte zwischen fester Unterlage und Figur mindestens ein oder zwei (Zeitungs-) Papierstücke gelegt werden, um ein Festkleben der Figur auf der Unterlage zu verhindern.
- Man kann auch eine Figur auf eine kleinere Holzscheibe (als Sockel) bauen.
- Später kann auch versucht werden, ein kleines Holzgrundgerüst mit dieser Masse zu umformen.
- Das Material härtet nach einigen Tagen Trocknungszeit gut aus.

WERKBETRACHTUNG

- Schülerarbeiten
- einfache Figuren aus der Frühgeschichte und dem Kunstbereich

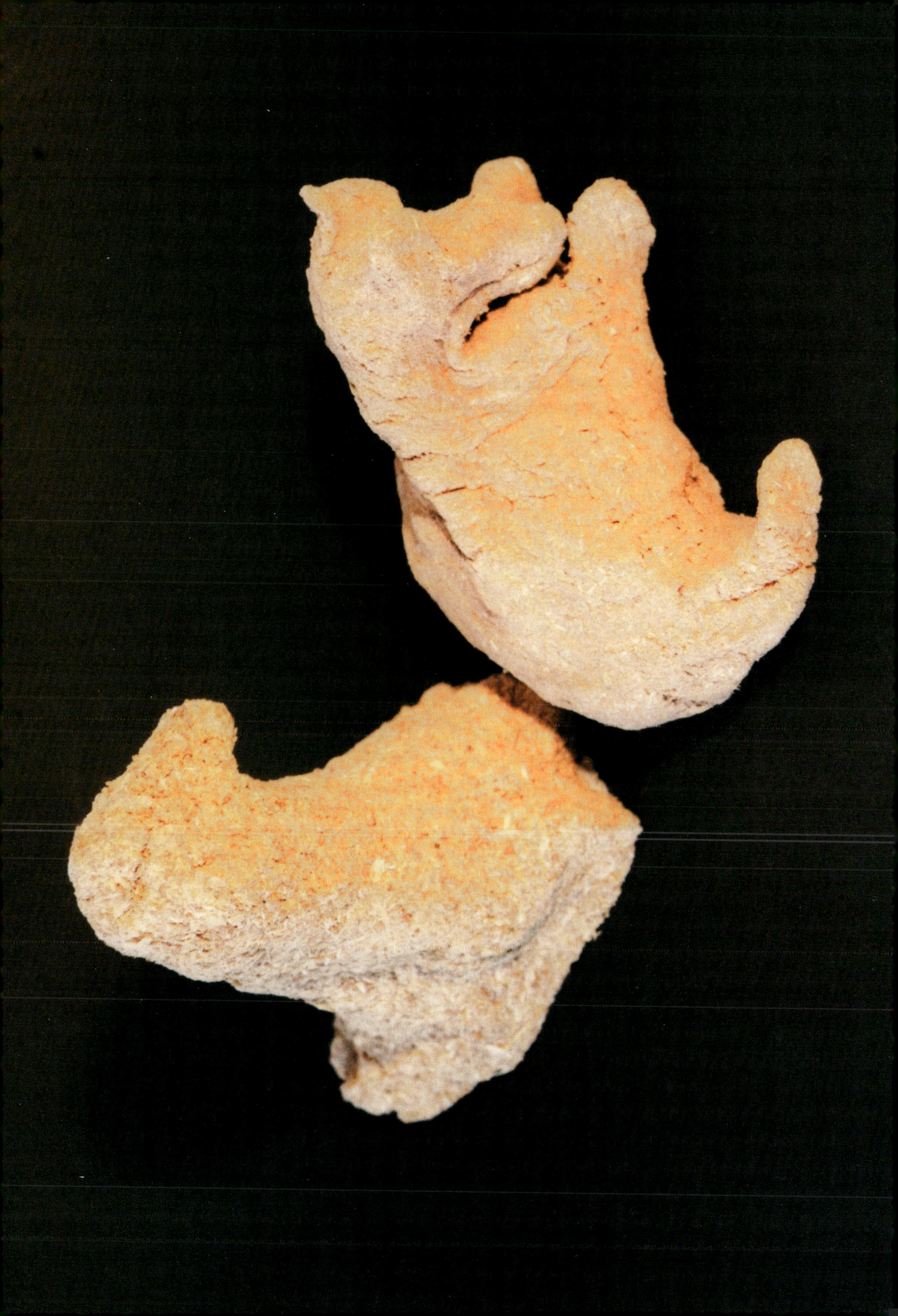

ZIELVORSTELLUNG

Auf eine Grundform aus Pappe soll mit Papiermaché oder Kleisterpapier eine reliefartige Pappmaske hergestellt und ausgestaltet werden. Dabei sollen einfache Schneide-, Formungs- und Maltechniken gelernt und eingesetzt werden.

MATERIAL

- ein möglichst stabiler aber noch schneidbarer Karton (größerer Schuhschachteldeckel, Rückseite Malblock) etwas größer als ein Kinderkopf
- Bleistift, Schere, eventuell Cutter
- Papiermaché, Kleister, Zeitungspapier
- Wasserfarben, eventuell weiße u. a. Dispersionsfarbe, Borstenpinsel
- eventuell Dekomaterialien (bunte Federn, Glitzermaterial usw.), Klebstoff

ARBEITSWEISE

1. Die Gesichtsform wird mit Bleistift als Umrisszeichnung festgelegt. Dabei können schon besondere Merkmale der späteren Maske wie z. B. dicke Backen, Riesenohren, Mütze, Hut oder Haare mit einbezogen werden.
2. Die Maske wird ausgeschnitten und durch leichtes Biegen der Gesichtsform angepasst.
3. In Partnerarbeit werden nach und nach die Augenöffnungen, dann die Nase und der Mund festgelegt, eingezeichnet und ausgeschnitten.
4. Sind die Öffnungen der Gesichtsform angepasst, kann mit der plastischen Ausgestaltung begonnen werden. Dazu wird etwas Papiermaché aufgebracht, in Form gedrückt und zum Schluss mit einigen Schichten Kleisterpapier überarbeitet.
5. Nach dem Trocknen kann bemalt und dekoriert werden.

ZEITAUFWAND

mit Bemalung mindestens zwei Stunden

HINWEISE/TIPPS

- Die Nase kann durch geknickt aufgeklebte Pappstreifen, durch kleinere Schachteln oder Papprollen aufgebaut werden.
- Etwa in Augenhöhe werden an den äußeren Rändern zwei Löcher angebracht, durch die ein Gummi oder ein Band zum Aufsetzen der Maske befestigt wird.
- Entwickeln und Durchführung kleiner Spielszenen.

WERKBETRACHTUNG

- Schülerarbeiten
- Masken aus dem Kunstbereich und Brauchtum

Saint Albray
frz. Weichkäse
50 % Fett i. Tr.
1.99
100 g am Stück
Kraft
»Philadel
phia«
1.99

Mise en
Bouteilles
NOS CHAIS

ZIELVORSTELLUNG

Aufbau eines Zeltgerüsts und Umhüllung des Gerüstbaus mit Kleisterpapier oder Stoffen. Dekorative Ausgestaltung des Baus durch Bemalung. Dabei sollen motorische und technische Fertigkeiten sowie der sachgemäße Umgang mit den Materialien gefördert werden.

MATERIAL

- Schaschlikstäbe (normal oder lang), flache große Rundholzscheiben oder Styroporplatte
- Pappteller, Bierfilz oder andere kreisförmige Schablone, Stift, eventuell Akkubohrer
- Wollreste oder Kreppband
- Kleister und Zeitungspapier oder Stoffreste
- Dispersionsfarben, Borstenpinsel

ARBEITSWEISE

1. Auf die Grundplatte wird die Kreisschablone gelegt und der Umriss eingezeichnet.
2. Mindestens acht Schaschlikstäbe werden in etwa gleichen Abständen schräg in die Grundplatte gesteckt (bei Holzgrund muss schräg von innen nach außen vorgebohrt werden).
3. Die Schaschlikstäbe werden geordnet, zum Kreismittelpunkt hin ausgerichtet und mit Wollresten oder Klebeband fixiert. Anschließend werden die Gerüststangen ebenfalls mit Wollresten oder etwas Klebeband umwickelt, um die Auflagefläche für die Ummantelung zu vergrößern.
4. Größere Zeitungspapierfetzen werden mit Kleister bestrichen und vorsichtig über das Stangengerüst geklebt. Circa drei Schichten genügen.
5. Nach dem Trocknen wird das Zelt einfarbig grundiert und anschließend mit Mustern ausgestattet.

ZEITAUFWAND

circa 1 Stunde für das Gerüst, mindestens eine Stunde für die Bemalung

HINWEISE/TIPPS

- Alternativ zum Kleisterpapier können auch Stoffreste zugeschnitten und als Zelthülle verwendet werden. Es empfiehlt sich vorher eine Schablone aus Papier anzufertigen.
- Einzelne Zelte können auf einer Platte zu einem Indianerdorf zusammengestellt und die Umgebung entsprechend ausgestaltet werden. Auch kleine Spielfiguren können integriert werden.
- Mit Holz-Steckmaterialien (z. B. gebohrte Eisstäbe, Rundstäbe können auch andere Zeltkonstruktionen aufgebaut und verkleidet werden.

WERKBETRACHTUNG

- Schülerarbeiten
- Abbildungen von Tippis und anderen Zeltbauten

ANSEHEN UND

ZIELVORSTELLUNG

Aus einer zweidimensionalen Pappfläche heraus soll ein Fischkörper dreidimensional aufgebaut werden. Die Figur wird anschließend bemalt und dekorativ ausgestattet. Grundlegende Aufbau- und Ausformungstechniken werden angewandt.

MATERIAL

- stabile oder schneidbare Pappe; Format circa DIN A3 (Malblockkarton)
- Bleistift, Schere
- fertiges Papiermaché, Zeitungspapier und Tapetenkleister
- weiße Dispersionsfarbe, Dispersions- oder Wasserfarben, Borstenpinsel unterschiedlicher Größe
- Dekomaterialien (Bänder, Folie, gelochte Teile usw.) zur weiteren Ausstattung, Klebstoff

ARBEITSWEISE

1. Skizzieren des Fisches auf dem Karton. Auf möglichst Format füllende und teilweise zackige Umrisse achten!
2. Ausschneiden der Fischform.
3. Durch Einschnitte im Fischkörper können Flossen eingesteckt werden.
4. Als Unterbau für größere Erhebungen und zum Fixieren der seitlichen Flossen eignet sich Papiermaché.
5. Die ausgeformten Teile werden mit mindestens drei Schichten Kleisterpapier überarbeitet.
6. Trocknen lassen (mindestens 2-3 Tage).
7. Bemalen des Fischkörpers.
8. Dekorative Ausstattung durch zusätzliche Materialien.

ZEITAUFWAND

ohne Bemalung circa eine Unterrichtsstunde

HINWEISE/TIPPS

- Die Besonderheiten einzelner Fische sollten erörtert und eventuell umrisshaft skizziert werden. Dabei sind Übertreibungen möglich.
- Die Vorgehensweise beim Einschneiden und Durchstecken der seitlichen Flossen sowie deren späteren Fixierung sollte kurz demonstriert werden.
- Je mehr Papiermaché verwendet wird, desto länger ist die Trocknungszeit. Auch bei warmer Lagerung circa 2-3 Tage einplanen!
- Verformungen des Pappkörpers aufgrund der Trocknung sind hier sogar erwünscht. Der Fisch wird an einem Faden hängend präsentiert.

WERKBETRACHTUNG

- Schülerarbeiten
- Abbildungen exotischer Fische

CK IN DIE WELT
1999,
Uhr,

ZIELVORSTELLUNG

Aus Blumenbindedrahtwicklungen und etwas stärkerem Draht sollen Figuren aus den Themenbereichen „Mensch" oder „Tier" geformt werden. Es können Einzelfiguren entstehen oder zwei oder mehrere Figuren miteinander kombiniert werden.

MATERIAL

- Blumenbindedraht und anderer Draht (Hobby- und Gartenbedarf)
- eventuell Bleistift, Astabschnitte, Papprollen u.Ä. zum Umwickeln
- eventuell Holzklötzchen oder Brettabschnitt mit Bohrungen als Standardgerüst/Sockel

ARBEITSWEISE

Einzelarbeit

1. Vorstellen und erstes Erproben des Materials. Einfache Biege- und Verbindungstechniken können, die spiralförmige Wickeltechnik sollte demonstriert werden.
2. Wickeln und Formen mit unterschiedlichen Durchmessern.
3. Zusammenbinden der einzelnen Körperteile.
4. Aufhängen, Aufstellen der Objekte.

ZEITAUFWAND

eine Unterrichtsstunde, für die Herstellung einer Situation mit mehreren Figuren zwei Stunden

HINWEISE/TIPPS

- Beim Wickeln um den Finger oder die Hand darf der Draht nicht zu fest gezogen werden. Auf Verletzungsgefahren hinweisen!
- Leichtes spiralförmiges Wickeln ermöglicht ein relativ einfaches Lösen der Drahtwicklung vom Wickelobjekt.
- Die Figuren können auch zu Mobiles oder Hängeobjekten zusammengestellt werden.

WERKBETRACHTUNG

- Schülerarbeiten
- feine Drahtplastiken von A. Calder

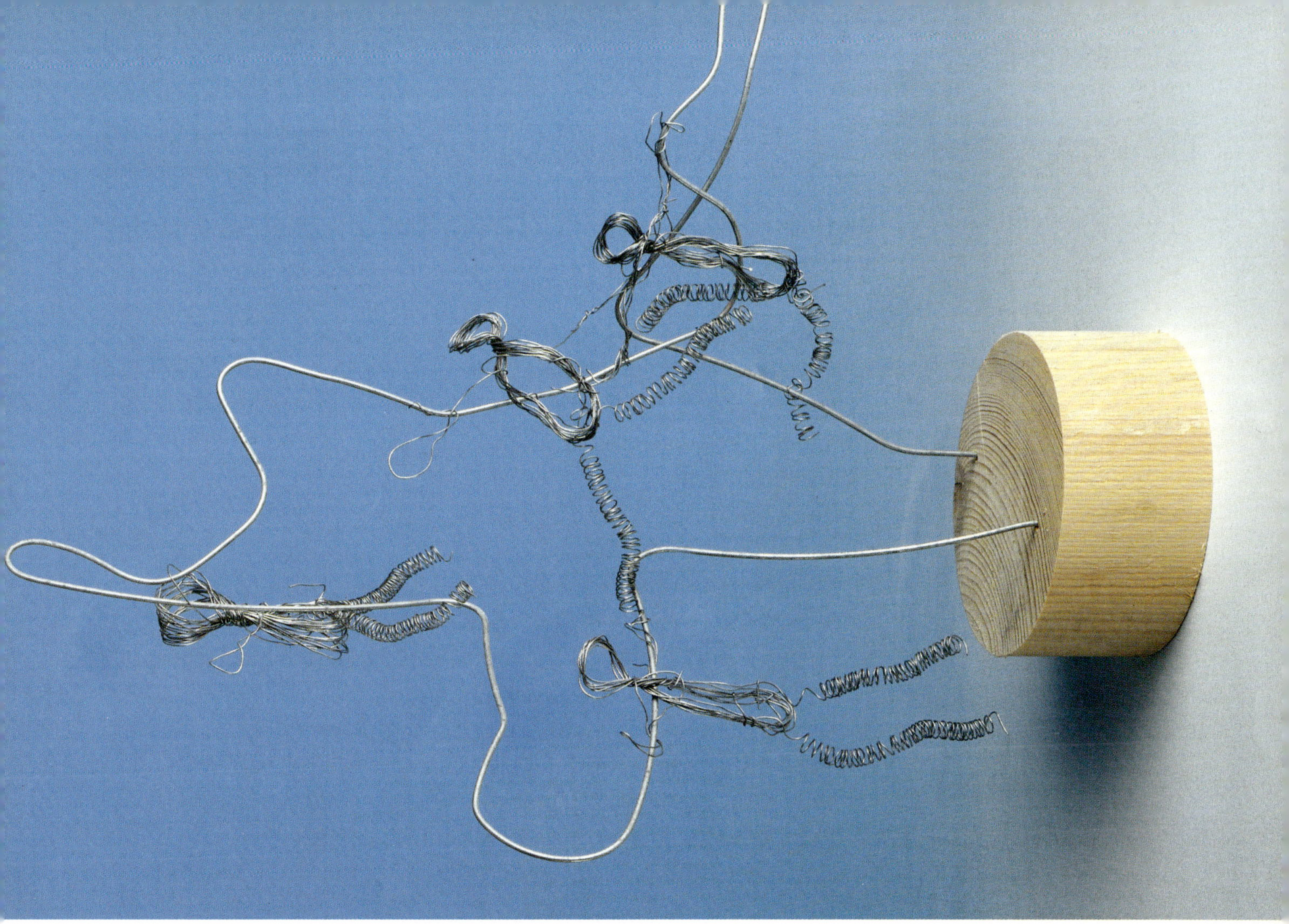

ZIELVORSTELLUNG

Mit Hilfe von Pappstreifen und Papierstreifen soll ein skelettartiger Bau entstehen.

MATERIAL

- flache Obstkartons oder Grundplatte aus Pappe
- Papp- und Papierstreifen (auch unterschiedlicher Länge und Breite), kleinere Schachteln, Papprollen
- Klebstoff, etwas Klebeband und doppelseitiges Klebeband
- Büroklammern
- Schere, eventuell Bleistift und Lineal

ARBEITSWEISE

Einzelarbeit

Partnerarbeit

1. Eventuell Betrachten von Abbildungen von Skelettbauten (Hochhäuser, Fachwerkhäuser u. Ä.) im Rohbauzustand.
2. Erörtern und eventuell Erproben von einfachen Stabilisierungsproblemen mit Lösungsmöglichkeiten.
3. Aufgabenstellung: Bauen mit Papp- und Papierstreifen und einigen wenigen anderen Baumaterialien. Tonpapierstreifen sollten wegen der Stabilität L-förmig geknickt/gefaltet werden. Eingesteckte Büroklammern dienen beim Zusammenkleben als gute Fixierungshilfe und erleichtern dadurch die Klebearbeiten.
4. Vorstellung der Gebäude.

ZEITAUFWAND

circa zwei Stunden

HINWEISE/TIPPS

- Die Papp- und Papierstreifen sollten von Ihnen am besten mit der Papierschneidemaschine geschnitten und als Baumaterial zur Verfügung gestellt werden. Papierstreifen lassen sich auch einfach mit einem Cutter zurechtschneiden; bei Kartonstreifen ist die Arbeit mit dem Cutter mühsamer.
- Die Skelettbauten können im Hinblick auf bestimmte Funktionen und Gestaltungsabsichten hergestellt werden (Vorbau, Modernes Fachwerkhaus, Hochhaus im Bau, Fabrikhalle, Mehrstöckige Pergola, Tribünenbau usw.).
- Kleinere Schachteln und Papprollen können sowohl als stabilisierende als auch gestalterische Elemente in den Bau integriert werden.

WERKBETRACHTUNG

- Schülerarbeiten
- Abbildungen von Skelettbauten unterschiedlicher Art im Rohbauzustand (Fachwerkhäuser, Hochhäuser, Bahnhofs- und Fabrikhallen, Gerüstbauten usw.)

ZIELSETZUNG	Die Schülerinnen und Schüler sollen einen Ausschnitt einer bedrohlichen Situation plastisch darstellen. Die Szene kann mit einer Tierplastik oder einer anderen Figur kombiniert werden. Die Bemalung soll die bedrohliche Situation unterstreichen.
MATERIAL	- Pappbriefumschlag, Format circa DIN A3, kleinere Schachteln oder Pappunterlage (Zeichenblock) - Zeitungspapier, Tapetenkleister, Papiermaché - weiße Dispersionsfarbe (Eimer), Wasser- oder Dispersionsfarben, Malerpinsel, Borstenpinsel - eventuell einige Naturmaterialien (Rindenstückchen, kleiner Steine, Moose, Heu, Stroh, usw.)
ARBEITSWEISE	1. Eine Seite des Briefumschlags möglichst zackig aufreißen, Zeitungspapier knüllen, in Kleister tauchen und die Landschaft ausformen. Ansonsten wird die Landschaft in der Schachtel oder auf der Pappunterlage gestaltet, wobei Pappstücke, kleine Schachteln und zerknülltes Zeitungspapier zu einer „Groblandschaft“ geformt und mit drei bis vier Lagen Kleisterpapier überklebt werden.
Einzelarbeit	2. Eventuell Gestalten eines flachen oder liegenden Tieres aus Papiermaché. Das Tier soll in die Landschaft einbezogen werden.
Partnerarbeit	3. Trocknen lassen (einige Tage). 4. Grundieren mit weißer Dispersionsfarbe, nach dem Trocknen kann endgültig bemalt werden. 5. Eventuell Ausstatten des Objekts mit wenigen Naturmaterialien und weiteren Objekten.
ZEITAUFWAND	insgesamt mindestens 3 Stunden
HINWEISE/TIPPS	- Andere bedrohliche Situationen erörtern: Dunkelheit, bestimmte Örtlichkeiten, Licht und Schatten (Schattenwirkungen, Schattenspiel), Angstträume (Bereiche Farbe und Grafik) - Farben bestimmen auch den Charakter von Landschaften und Räumen: hell oder dunkel, fröhlich oder trist, freundlich oder unheimlich (Arbeitsbereich Farbe). - Bedrohliche Situationen lösen Angst, Unsicherheit, Erstaunen aus und schlagen sich in Mimik und Gestik nieder. Man kann solche Situationen auch spielen und kleine Handlungen entwerfen (Spiel/Aktion).
WERKBETRACHTUNG	- Schülerarbeiten - Kunstbeispiele (Bilder, Grafiken, Abbildungen von Rauminstallationen)

POLIZEI

ZIELVORSTELLUNG	Aufbauen und/oder Ausformen eines reliefartigen Kopfes mit stark übersteigerten Gesichtszügen. Eine zusätzliche ausdruckssteigernde Wirkung kann durch Bemalung erreicht werden.
MATERIAL	- Papiermaché, Ton oder andere Modelliermassen - Als Unterlage Pressspan-, Sperrholz- oder Hartfaserplatte mindestens DIN-A4-Größe, evtl. mit einem Loch zum Aufhängen - etwas Kleister und Zeitungspapier - eventuell kleine Schachteln, Dosen, Margarinebecher, Eierkarton, Styroporbruchstücke - eventuell weiße Dispersionsfarbe (zum Grundieren), Wasser- oder Dispersionsfarben und Borstenpinsel
ARBEITSWEISE	1. Formen der Fratze aus einem größeren Papiermachéklumpen heraus. Dabei können vorher einige kleine Dosen, Schachteln, ein Stück Eierkarton o. Ä. als Füllform aufgelegt und mit etwas doppelseitigem Klebeband fixiert werden. 2. Mit Papiermaché sowie mit gerissenem Kleisterpapier können Übergänge und Verbindungen zur Grundplatte geschaffen werden. 3. Nach dem Trocknen wird die Fratze durch einfarbige oder durch mehrfarbige Bemalung weiter ausgestaltet.
ZEITAUFWAND	insgesamt circa zwei bis drei Unterrichtsstunden
HINWEISE/TIPPS	- Wenn mit Ton gearbeitet wird, kann die Bemalung und das Arbeiten auf einer festen Unterlage entfallen. Es genügt ein etwas doppelfaustgroßer Materialbatzen. - An vielen Kirchen kann man entsprechende Figuren im Original betrachten. - Übersteigerung von einzelnen aber auch mehreren Gesichtsteilen.
WERKBETRACHTUNG	- Schülerarbeiten - Originale an Kirchen und anderen Gebäuden, eventuell auch Abbildungen von Fratzen und Monstergeschichten aus Comics und der Spielzeugwelt

ZIELSETZUNG

Aus ihren Erlebnis- und Erfahrungsbereichen heraus sollen die SchülerInnen Gestaltungsideen zu künstlich geschaffenen, multifunktionalen Erlebnisbädern entwickeln und mit vielfältigen Materialien plastisch umsetzen.

MATERIAL

- stabile Obstkartons, stabile Schachteln oder Grundplatte aus Pressspan mindestens in DIN-A3-Größe
- Zeitungspapier, Tapetenkleister, Papiermaché
- zur weiteren Ausstattung z. B.: Styroporformteile, Styroporbruchstücke, flache Schachtel- oder Dosendeckel, Kunststoffröhren u. Ä.
- weiße Dispersionsfarbe (Eimer), Wasser- oder Dispersionsfarben, Malerpinsel, Borstenpinsel
- eventuell einige Naturmaterialien (Rinden- und Aststückchen, kleinere Steine, Moose usw.)

ARBEITSWEISE

Einzelarbeit

Partnerarbeit

Gruppenarbeit

1. Zeitungspapier knüllen, in Kleister tauchen und die Landschaft grob ausformen. Danach die kleineren Schachteln, Deckel, Dosen und Styroporteile integrieren und diese mit mehreren Schichten Kleisterpapier fixieren.
2. Eventuell weiteres Ausgestalten des Objekts mit Papiermaché und Naturmaterialien.
3. Trocknen lassen (einige Tage).
4. Nach dem Trocknen kann endgültig bemalt werden.
5. Eventuell weitere Ausstattung des Objektes mit Naturmaterialien und Figuren.

ZEITAUFWAND

insgesamt mindestens drei Stunden

HINWEISE/TIPPS

- Sehr gut geeignet sind stabile Obstkartons, die Sie mit einem Cutter in der Mitte durchschneiden.
- Es sind, abhängig von der Größe des Objekts und dessen reichhaltiger Ausstattung, verschiedene Arbeitsformen (Einzelarbeit, Partnerarbeit oder Gruppenarbeit) möglich.
- Oft können die intendierten Vorstellungen im Objekt nicht sofort erkannt werden. Deshalb sollten einige Erlebnisbäder exemplarisch vorgestellt werden.
- Die farbige Gestaltung kann die plastische bzw. situative Vorstellung unterstützen.

WERKBETRACHTUNG

- Schülerarbeiten
- Abbildungen von Freischwimmbädern und überdachten Erlebnisschwimmbädern

ZIELSETZUNG

Die Schülerinnen und Schüler bauen eine einfache Buchstütze und gestalten diese mit plastischem Material und/oder Farbe individuell aus.

MATERIAL

- Sperrholzstreifen mindestens 6 mm vom Schreiner zusägen lassen, Unterteil circa 20 x 15 cm, Stütze circa 15 x 15 cm
- ein Holzklötzchen (z. B. Abschnitt einer gehobelten Dachlatte, eines Vierkantstabes o. Ä.), feine Schrauben, Akkuschrauber, alternativ: Klebstoff oder Holzleim und Schraubzwingen
- für die plastische Ausstattung sind unterschiedliche Materialen denkbar: Papiermaché, Zeitungspapier und Tapetenkleister, Modelliermassen, kleine Gegenstände, Wegwerfmaterialien, Dekomaterialien
- zur Bemalung: weiße Dispersionsfarbe (Eimer), Tempera- oder Dispersionsfarben, Borstenpinsel unterschiedlicher Größe

ARBEITSWEISE

Einzelarbeit

1. Zusammenschrauben/Kleben der Sperrholzteile mit Hilfe des stabilisierenden Holzklötzchens: Das Holzklötzchen wird von unten her auf das Unterteil der Grundplatte geschraubt.
2. Ausgestalten des Objekts mit einem der oben genannten Materialien (Formen, Kleben, Verbinden, Aufbauen).
3. Eventuell die Modelliermassen trocknen lassen.
4. Weitere Ausstattung und Bemalung des Objekts.

ZEITAUFWAND

insgesamt mindestens 2 Stunden

HINWEISE/TIPPS

- Aus Zeitgründen und Gründen der Verfügbarkeit von Akkuschraubern ist es empfehlenswert, den Zusammenbau der Holzteile vorab und nach und nach zu erledigen.
- Die Ausstattung der Buchstütze kann sich an einem Inhalt (einer Person, einer Szene u. Ä.) eines Lieblingsbuches oder an den zur Verfügung stehenden Fundmaterialien orientieren.
- Die Buchstützen können selbst genutzt, in der Schülerbücherei eingesetzt oder als spezielles Objekt verschenkt werden.

WERKBETRACHTUNG

- Schülerarbeiten
- handelsübliche Buchstützen oder Abbildungen von handelsüblichen und künstlerisch gestalteten Buchstützen

ZIELSETZUNG

Die Schülerinnen und Schülern bauen aus Abfallmaterialien eine einfache Ablage für Schreib- und andere Kleinmaterialien und gestalten diese mit plastischem Material und farbigen Mitteln individuell aus.

MATERIAL

- Grundplatte aus Sperrholz, Hartfaser oder Pressspan mindestens circa DIN-A4-Größe
- eventuell Laubsäge und/oder elektrische Stichsäge
- für die Ausstattung: Wegwerfmaterialien wie z. B. leere Filmdosen, kleinere Bonbondosen, Eierkartons, Klo- und größere Papprollen, kleinere Papp- und Kunststoffverpackungsmaterialien
- Klebstoff, eventuell etwas doppelseitiges Klebeband, Schere
- zur Bemalung: Weiße Dispersionsfarbe (Eimer), Dispersions- oder Wasserfarben, Borstenpinsel unterschiedlicher Größe
- zum Bekleben: Kleister, Farbpapiere, farbige Transparente

ARBEITSWEISE

Einzelarbeit

1. Eventuell Zusägen der Grundplatte nach individuellen Vorstellungen.
2. Sichten und Ausgestalten des Objektes mit unterschiedlichen Materialien (Bauen, Kleben, Verbinden).
3. Eventuell Bekleben des Objekts oder nur Teile des Objekts mit farbigem Kleisterpapier. Trocknen lassen!
4. Bemalen des Objekts.

ZEITAUFWAND

insgesamt mindestens 2 Stunden

HINWEISE/TIPPS

- Ordnungssysteme auf dem Schreibtisch erörtern. Handelsübliche Boxen sichten, individuelle Wünsche einbringen.
- Sie können rechteckige, quadratische, dreieckige u. a. Grundformen zur Auswahl anbieten.
- Individuelle Formwünsche könnten bereits Zuhause mit entwickelt und mit einer Laubsäge erledigt werden.
- Kleine Änderungswünsche können von den SchülerInnen aufgezeichnet und mit der Stichsäge vor Ort rasch bearbeitet werden.
- Individuelle Ausstattungen durch kleine Figuren und Objekte sind möglich.

WERKBETRACHTUNG

- Schülerarbeiten
- handelsübliche Ordnungssysteme oder Abbildungen in Prospekten und Katalogen

ZIELSETZUNG

Komplizierte Faltenwürfe sollen durch eine einfache Technik nachvollzogen und in einer selbst gewählten Bildsituation angewandt und umgesetzt werden. Dabei werden Teile einer zwei- oder dreidimensionalen Figur reliefartig mit farbigem Kleisterpapier überarbeitet und mit vielfältigen Faltenwürfen ausgestattet.

MATERIAL

- Abbildungen aus Illustrierten, Zeitungen, Kalendern oder Modezeitschriften, ausgediente Spielpüppchen
- Tapetenkleister, farbige Papiere, farbiges Transparentpapier (in größeren Bögen)
- Unterlage (Pressspan-, Hartfaser- oder Sperrholzplatte, Format circa DIN A3–4)
- eventuell weitere Kleinteile (Hölzer, Püppchen, Streichholzschachtel u. Ä.)

ARBEITSWEISE

1. Aussuchen von geeigneten Abbildungen und Figuren.
2. Aufkleistern der Abbildung/en bzw. der Figuren auf der Grundplatte.
3. Eventuell Einbauen von Kleinteilen. Diese werden mit mindestens drei Schichten Kleisterpapier auf der Platte fixiert.
4. Ausformen und Aufkleben der Faltenwürfe. Große Papierteile werden in Kleister getaucht und anschließend entsprechend auf der Platte drapiert.

ZEITAUFWAND

circa eine Unterrichtsstunde

HINWEISE/TIPPS

- Sie können unterschiedliche Faltenwürfe konkret erproben lassen.
- Sie können zur Anschauung auch Abbildungen aus dem Kunst- und Modebereich einsetzen.
- Alternativ zu den Abbildungen aus Zeitschriften können auch Kopien von Kunstwerken als Arbeitsgrundlage eingesetzt werden.
- Es empfiehlt sich, vor dem Einkleistern einen kleinen Vorrat an farbigen Papieren zu reißen. Mit klebrigen Fingern kann es Schwierigkeiten geben.

WERKBETRACHTUNG

- Schülerarbeiten
- Beispiel aus Umwelt und Kunst: Faltenwürfe unterschiedlicher textiler Materialien bzw. Kleidungsstücke, Darstellung von Faltenwürfen z. B. Plastiken von T. Riemenschneider; Gemälde und Zeichnungen alter Meister

KÖRPER/RAUM	KÜNSTLICHE TIERE IN NATÜRLICHER UMGEBUNG	KLASSE 4

ZIELVORSTELLUNG

Herstellung von Tierfiguren in Wickelplastiktechnik aus Zeitungspapier, Draht und Gipsbinden. Als Vorbilder dienen bekannte Tiere, die später in eine natürliche Umgebung gesetzt werden können.

MATERIAL

- Zeitungspapier, Blumenbindedraht u. a. dünne Drähte, eventuell etwas Papiermaché und Pappe
- Schere, Gipsbinden, flaches Schüsselchen
- zum Bemalen: weiße Dispersionsfarbe (Eimer), Dispersions- u. a. Farben, Borstenpinsel unterschiedlicher Größe

ARBEITSWEISE

Einzelarbeit

Partnerarbeit

1. Formen der Tierkörper aus geknülltem und gedrehtem bzw. gefaltetem Zeitungspapier. Fixieren der Form mit Blumenbindedraht. Formen und Ansetzen von weiteren Teilen (Beine, Flügel u. Ä.). Diese Teile werden ebenso mit Draht fixiert und am Tierkörper befestigt.
2. Eventuell können weitere Ausformungen mit etwas Papiermaché vorgenommen werden.
3. Zuschneiden von Gipsbindenstreifen und Zurechtstellen einer Wasserschale.
4. Stabilisieren und endgültiges Ausformen der Tierform mit circa zwei bis maximal drei Schichten Gipsbinden.
5. Nach dem Trocknen kann bemalt werden.

ZEITAUFWAND

stark abhängig von der gewählten Tierfigur; circa eine bis maximal zwei Stunden ohne Bemalung

HINWEISE/TIPPS

- Beim Eingipsen ist Partnerarbeit sinnvoll. Ein Schüler schneidet zu und hält die Figur in entsprechender Position, der andere legt die Gipsstreifen auf.
- Tische abdecken, Scheren möglichst trocken halten.
- Die Tierfiguren können in weißem und/oder in bemaltem Zustand probeweise in eine natürliche Umgebung gesetzt und fotografiert werden.
- Verbindungen mit dem Bereich Farbe (Hervorheben/Verbergen, Bedeutungswirkung von Farbe) sind gegeben.

WERKBETRACHTUNG

- Schülerarbeiten
- Tierplastiken

5.90
19.95

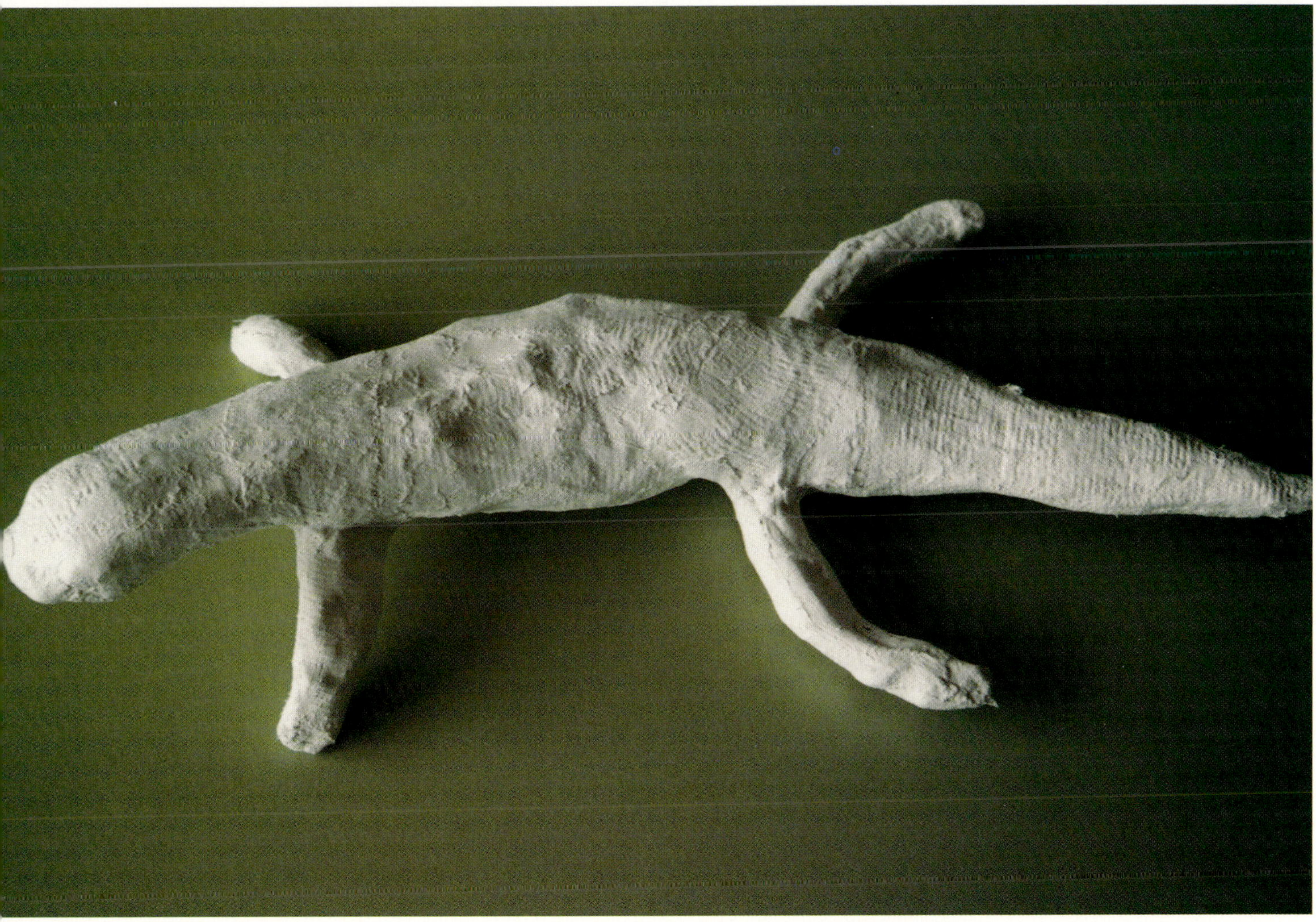

ZIELVORSTELLUNG	Ein bewegliches Objekt soll aus vorgefundenen Materialien zusammengestellt werden. Dabei sollen mindestens zwei unterschiedliche Bauteile ins Gleichgewicht gebracht werden. Die Schülerinnen und Schüler können sich an bekannten Vorbildern orientieren, aber auch neue Formen entwickeln.
MATERIAL	- Holzstäbe, längere Astabschnitte, Holzstöcke, Kleiderbügel u. Ä. - mitgebrachte/gesammelte Materialien wie Styroporformteile, sauberer Haushaltsmüll (Jogurt- u. a. Becher, Kunststoff- und Kartonverpackungsteile von Schokolade, Pralinen, Eiern, Obst usw.), kleine technische Teile (Muttern, Beilegscheiben, Stanzteile, Zahnrädchen usw.), kleine Dinge aus dem Haushalt (Reste von Dekomaterialien, Stoffreste, kleine alte Spielsteine, Spielfiguren usw.) - alternativ sind auch ausschließlich natürliche Materialien (Äste, Rinde, kleine Baumscheiben, Astabschnitte, Kastanien, Zapfen usw.) verwendbar - Schnüre, Wollreste, Klebeband, Blumenbindedraht - eventuell Farben und Pinsel, Sprühfarben
ARBEITSWEISE *Partnerarbeit* *Gruppenarbeit*	1. Sichten des Materials. Entwickeln von Gestaltungsideen. 2. Konstruieren eines Objekts mit Hilfe von Deckenhaken, Kartenständern und sonstigen Aufhängevorrichtungen. 3. Ausdifferenzieren des Objekts mit entsprechenden Materialien, Ausbalancieren/ins Gleichgewicht bringen. 4. Eventuell Bemalen des Objekts bzw. von Teilen des Objekts.
ZEITAUFWAND	ohne Bemalung mindestens eine Unterrichtsstunde; bei aufwändiger Ausstattung circa zwei bis drei Stunden
HINWEISE/TIPPS	- Es kann auch im Freien gearbeitet werden. Als Aufhängevorrichtung dienen die Äste von Bäumen, gespannte Schnüre u. Ä. - Die Aufgabe ist sehr stark vom Materialangebot abhängig. Rechtzeitiges Sammeln, Ordnen und Aufbewahren ist notwendig. - Objekte, die nur kurz- oder mittelfristig präsentiert werden können, sollten fotografiert werden.
WERKBETRACHTUNG	- Schülerarbeiten - Kunstbeispiele von A. Calder

ZIELSETZUNG

Herstellen eines Landschaftsausschnitts mit Ruinenteilen. Aus ihren Erlebnis- und Erfahrungsbereichen heraus entwickeln die SchülerInnen Gestaltungsideen zu künstlich geschaffenen Landschaften mit historischen oder modernen Bauruinen.

MATERIAL

- stabile Obstkartons, stabile Schachteln oder Grundplatte aus Pressspan, mindestens in DIN-A3-Größe
- Zeitungspapier, Tapetenkleister, Papiermaché
- zur weiteren Ausstattung: Styroporformteile, Styroporbruchstücke, stabile Schachteln, Papprollen, Dosen, Kunststoffbecher u. Ä., Schere, Messer
- weiße Dispersionsfarbe (Eimer), Wasser- oder Dispersionsfarben, Malerpinsel, Borstenpinsel
- eventuell einige Naturmaterialien (Rindenstückchen, kleinere Steine, Moose, Zapfen, Ästchen usw.) und kleine Spielfiguren

ARBEITSWEISE
Einzelarbeit
Partnerarbeit
Gruppenarbeit

1. Kartons und Schachteln zurechtschneiden.
2. Zeitungspapier knüllen, in Kleister tauchen und die Landschaft grob ausformen.
3. Einbauen kleinerer Schachteln, Deckel, Dosen und Styroporteile als Ruinenbauteile.
4. Fixieren der Teile mit mehreren Schichten Kleisterpapier und Papiermaché.
5. Eventuell Ausstatten einzelner Landschaftsteile mit Naturmaterialien (Rindenstücke, Holzstücke, Zapfen, Ästchen).
6. Trocknen lassen (einige Tage).
7. Nach dem Trocknen kann endgültig bemalt werden.

ZEITAUFWAND

insgesamt circa zwei bis drei Stunden

HINWEISE/TIPPS

- Wegen der Stabilität des Kartons sollten mindestens zwei zusammenhängende Seitenwände stehen bleiben.
- Diese Seitenwände können auch als Hintergrund zurechtgeschnitten und bemalt werden.
- Es sind verschiedene Arbeitsformen (Einzelarbeit, Partnerarbeit oder Gruppenarbeit) möglich.
- Zur Präsentation können auch kleine Spielfiguren (Menschen, Tiere, Fahrzeuge u. Ä.) integriert werden.

WERKBETRACHTUNG

- Schülerarbeiten
- Abbildungen von Ruinen, Lerngang zu einer Ruine in unmittelbarer Umgebung bzw. im Rahmen eines Klassenausflugs

ZIELSETZUNG	Mit Hilfe unterschiedlicher Farbmaterialien und stabilem Draht wird eine fantasievolle Drahtplastik hergestellt. Ein Draht oder mehrere Drähte dienen dabei als Materialträger und als Gerüst. Sie können unterschiedlich geformt werden.
MATERIAL	- für den Sockel: Abschnitt eines Holzbrettchens bzw. ein breiter Holzklotz mit mehreren Bohrlöchern, stabile Drahtstücke circa 30–50 cm lang, Zange, Handbohrer oder Akkubohrer - Styroporteile (Verpackungsformteile u. Ä.), Eierkartons, Schaumstoffe, bunte Dekoreste (Pompons, Federn, Papiere, Pappen, Folien u. Ä.), Schere; zum Verändern der Styroporteile Sägen und Raspeln - Klebeband, Klebstoff, eventuell Heißklebepistole - weiße und andere Dispersionsfarben, Borstenpinsel unterschiedlicher Größe
ARBEITSWEISE *Einzelarbeit* *Partnerarbeit*	1. Bauen des Gerüsts: In das vorgefertigte Holzstück werden je nach Wunsch und zur Verfügung stehenden Drahtstücken mindestens vier Löcher gebohrt. In diese Bohrlöcher werden später die Drahtenden gesteckt. 2. Probeweises Biegen, Anordnen und Einstecken der Drähte. 3. Einstecken der Ausstattungsteile in den Draht. Ankleben/Anheften weiterer Dekorationsmaterialien. 4. Eventuell Bemalen einzelner Teile mit Dispersionsfarben und weiteres Ausstatten des Objekts mit kleineren Dekomaterialien.
ZEITAUFWAND	circa zwei Stunden
HINWEISE/TIPPS	- Beim Sägen und Raspeln von Styroporteilen sollte möglichst im Freien gearbeitet werden, da sich die Teile elektrostatisch aufladen und nur schwer zusammenzukehren sind. Das Material kann in Elektro- und Computershops organisiert werden. - Hinweis auf Verletzungsgefahren beim Biegen des Drahtes.
WERKBETRACHTUNG	- Schülerarbeiten - Kunstbetrachtung: Plastiken/Kleinplastiken von Niki de St. Phalle, Jean Tinguely (z. B. Strawinsky-Brunnen), Joan Miró, Jäger u. a.

ZIELSETZUNG	Aus ihren Erlebnis- und Erfahrungsbereichen heraus sollen die SchülerInnen Gestaltungsideen zu besonderen Situationen und Szenen auf einer Insel entwickeln und mit Ton ausformen.
MATERIAL	- Arbeitsplatte (Karton, Kunststoff, Pressspan o. Ä.) mindestens in DIN-A4-Größe - Ton oder andere Modelliermassen - einfache Modellierwerkzeuge (Pinselstiel, Nagel u. Ä.), eventuell Modellierhölzer
ARBEITSWEISE *Einzelarbeit*	1. Formen einer Grundplatte als Landschaftsstück und gleichzeitig Grund für die Figuren und Formen. 2. Ausformen der Landschaft (Pflanzen, Felsen, Büsche, Kakteen u. Ä.), Anschlickern der Einzelteile. 3. Ausformung von Gegenständen und Lebewesen, Anschlickern der einzelnen Figuren. 4. Trocknen lassen oder brennen.
ZEITAUFWAND	mindestens eine Stunde
HINWEISE/TIPPS	- Vorerfahrungen und Vorkenntnisse zu Inselszenen verbalisieren. Dies soll unterschiedliche bildnerische Umsetzungen ermöglichen. - Pro SchülerIn mindestens 3 schülerfaustgroße Tonbatzen einkalkulieren. - Das Tongut kann vor dem Brennen farbig glasiert werden. - Andere Modelliermassen können bei Bedarf bemalt und eventuell nachträglich mit kleinen Naturmaterialien (Sand, Steinchen, Moose u. Ä.) ausgestattet werden.
WERKBETRACHTUNG	- Schülerarbeiten - eventuell Abbildungen von Kleinplastiken (zum Beispiel von Fischli/Weiß, Lörcher)

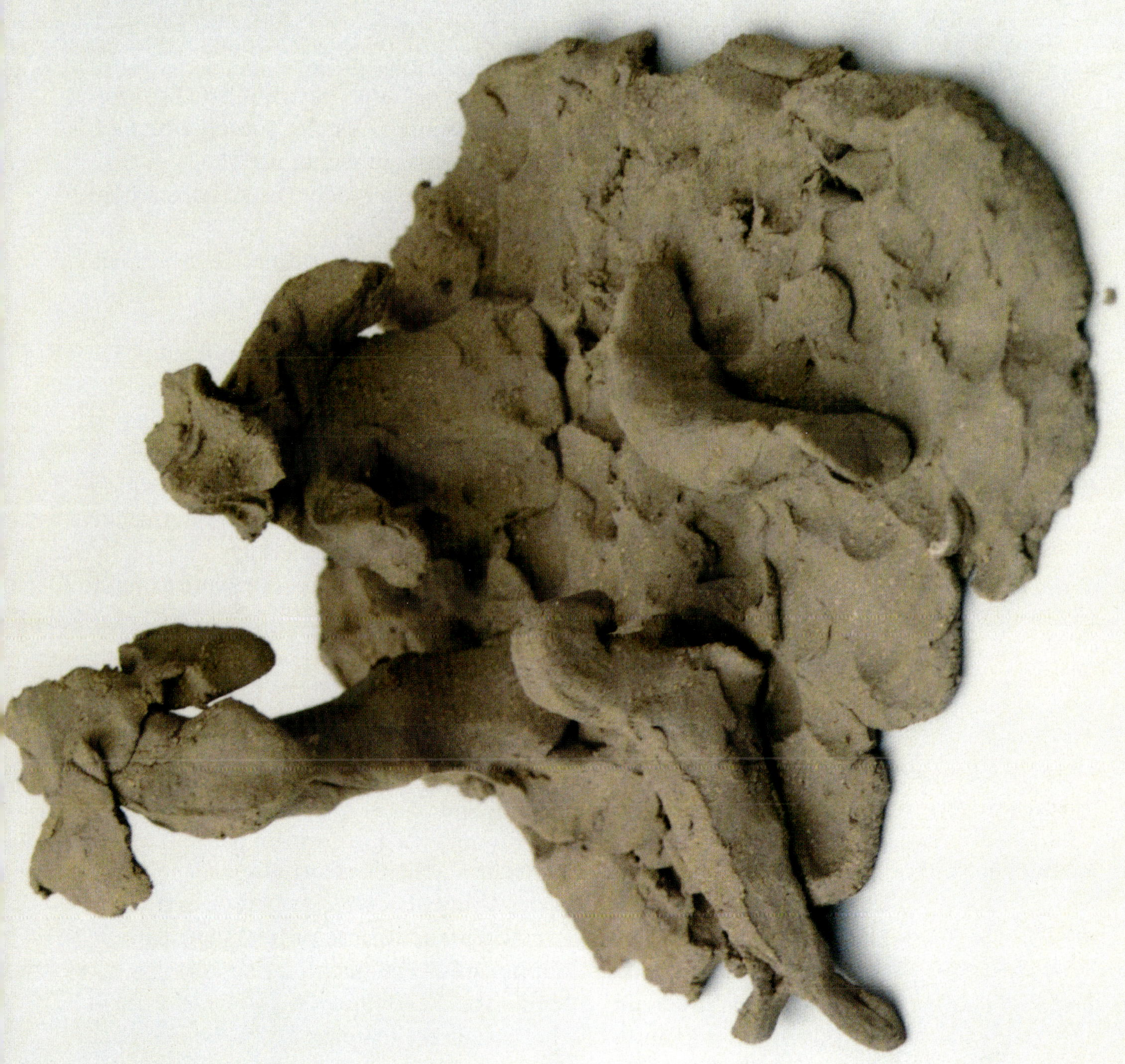

ZIELSETZUNG

Aus ihren Erlebnis- und Erfahrungsbereichen heraus sollen die SchülerInnen Gestaltungsideen zu künstlich geschaffenen Erlebnis- und Freizeitparks entwickeln und modellhaft realisieren.

MATERIAL

- stabile Obstkartons, stabile Schachteln oder Grundplatte aus Pressspan mindestens in DIN-A3-Größe
- Zeitungspapier, Tapetenkleister, Papiermaché
- zur Ausstattung z. B.: Styroporformteile, Styroporbruchstücke, Schaumstoffteile, Schaumstoffröhren, kleine Schachteln, Eierkartons, Pappröhren, Dosen, Kunststoffbecher u. Ä.
- weiße Dispersionsfarbe (Eimer), Wasser- oder Dispersionsfarben, Malerpinsel, Borstenpinsel
- weitere Dinge zur Ausstattung: Naturmaterialien, kleines Spielzeug und kleine Spielfiguren

ARBEITSWEISE

Einzelarbeit

Partnerarbeit

Gruppenarbeit

1. Von einem offenen (Obst-)Karton mindestens ein breites Seitenteil ab- oder entsprechend tief ausschneiden.
2. Für die Landschaft Zeitungspapier knüllen, in Kleister tauchen und damit die Landschaftsteile grob ausformen.
3. Danach die kleineren Schachteln, Deckel, Dosen und Styroporteile als Gebäude o. Ä. integrieren und diese mit Papiermaché oder mehreren Schichten Kleisterpapier fixieren.
4. Eventuell weiteres Ausgestalten des Objekts mit Naturmaterialien.
5. Trocknen lassen (einige Tage).
6. Nach dem Trocknen kann endgültig bemalt werden.
7. Eventuell weitere Ausstattung des Objekts mit Figuren, Spielmaterial oder Naturmaterialien.

ZEITAUFWAND

insgesamt mindestens 3 Stunden

HINWEISE/TIPPS

- Sehr gut geeignet sind flache stabile Obstkartons.
- Es sind, abhängig von der Größe des Objekts und dessen reichhaltiger Ausstattung, verschiedene Arbeitsformen (Einzelarbeit, Partnerarbeit oder Gruppenarbeit) möglich.
- Oft können die intendierten Vorstellungen im Objekt nicht sofort erkannt werden. Deshalb sollten einige Modelle exemplarisch vorgestellt werden.

WERKBETRACHTUNG

- Schülerarbeiten
- eventuell Prospektabbildungen, Ansichtskarten u. Ä. von Freizeitparks unterschiedlicher Art
- Abbildungen von Skulpturengarten von Niki de St. Phalle

ZIELSETZUNG

Aus ihren Erlebnis- und Erfahrungsbereichen heraus formen die SchülerInnen einen Tisch oder bauen einen Tisch. Der Tisch wird einer Situation entsprechend mit unterschiedlichen Utensilien ausgestattet.

MATERIAL

Für die Arbeit mit Ton oder Modelliermassen:
- Arbeitsplatte (Karton, Kunststoff, Pressspan o. Ä.) mindestens in DIN-A4-Größe
- einfache Modellierwerkzeuge (Pinselstiel, Nagel u. Ä.), eventuell Modellierhölzer

Für die Arbeit mit Pappe und anderen Materialien:
- Schachteldeckel, stabile Pappe, Pappstreifen, Papprollen
- kleine Utensilien zur Ausstattung, Bildausschnitte
- Schere, Klebstoff, Klebeband
- Dispersionsfarben, Borstenpinsel und/oder Kleister und farbige Papiere

ARBEITSWEISE

Einzelarbeit

1. Formen eines Tisches aus einer Grundplatte mit vier möglichst kurzen und stabilen Beinen.
2. Ausformen der entsprechenden Utensilien, Anschlickern der Einzelteile
3. Trocknen lassen oder brennen.

alternativ:
Zusammenkleben der Kartonteile zu einem standfesten Tischchen. Ausstattung durch Aufkleben von Materialien und eventuell Bemalung bzw. Überkleistern mit Farbpapieren.

ZEITAUFWAND

circa eine Stunde mit Modelliermassen, circa 2 bis 3 Stunden mit Pappkonstruktion

HINWEISE/TIPPS

- Vorerfahrungen und Vorkenntnisse zu speziellen Tischen aus dem Haushaltsbereich (Esstisch, Couchtisch, Spieltisch, Nachttisch usw.) sowie aus dem beruflichen Bereich oder dem Freizeitbereich verbalisieren. Dies soll unterschiedliche bildnerische Umsetzung ermöglichen.
- Jeder Tisch sollte einen Namen bekommen „Der Tisch des Computerfreaks", „Der Tisch der Schminkspezialistin", „Der unaufgeräumte Esstisch" usw.

WERKBETRACHTUNG

- Schülerarbeiten
- eventuell Abbildungen von Kleinplastiken (z. B. von Fischli/Weiß)

ZIELSETZUNG	Aus ihren Erlebnis- und Erfahrungsbereichen auch aus dem Heimat- und Sachunterricht heraus entwickeln die SchülerInnen Gestaltungsideen zu realistischen und fantasievollen Versteinerungen und führen diese reliefplastisch aus.
MATERIAL	- ein flacher sauberer Feldstein oder flache Steinplatte circa DIN-A4- bis DIN-A3-Größe - Zeitungspapier, Tapetenkleister, Papiermaché - eventuell weiße Dispersionsfarbe (Eimer), Wasser- oder Dispersionsfarben, Borstenpinsel
ARBEITSWEISE *Einzelarbeit*	1. Sammeln von geeigneten Feldsteinen oder flachen Steinplatten (Steinmetzbetriebe, Steinbrüche). Die Oberfläche kann glatt oder rau sein. 2. Eventuell Skizzieren des versteinerten Tieres auf ein Blatt bzw. mit Kreide oder Wachsstift direkt auf den Stein. 3. Reliefplastisches Gestalten eines möglichst flachen oder liegenden Tieres oder einer Pflanzenform aus Papiermaché. Werden glatte Oberflächenteile gewünscht, kann das Papiermaché mit ein bis zwei Schichten Kleisterpapier überarbeitet werden. 4. Trocknen lassen (einige Tage). 5. Eventuell Grundieren des Objekts mit weißer Dispersionsfarbe. Nach dem Trocknen kann endgültig bemalt werden.
ZEITAUFWAND	mindestens 20 Minuten für die Ausformung ohne Bemalung
HINWEISE/TIPPS	- Die Steine können auf einem gemeinsamen Lerngang gesammelt werden. Nach dem Ackern werden oft die zu Tage gebrachten Steine am Rand gesammelt. Es gibt in vielen Gemeinden auch Steinsammelplätze. - Ein bis maximal zwei schülerfaustgroße Papiermachébatzen sollten für diese Arbeit ausreichen. - Falls möglich sollten in Verbindung mit dem Sachunterricht auch reale Versteinerungen präsentiert und eventuell auch gesucht werden. - Bei grauen Steinen und grauem Papiermaché muss nicht unbedingt bemalt werden.
WERKBETRACHTUNG	- Schülerarbeiten - Unterschiedliche Versteinerungen, Abbildungen von Versteinerungen

ZIELVORSTELLUNG

Herstellung möglichst naturgetreuer Figuren und Formen aus einem Papiermachéklumpen heraus. Diese werden entsprechend bemalt, angeordnet und ansprechend präsentiert.

MATERIAL

- Papiermaché (pro SchülerIn ein Klumpen mindestens in Kinderfaustgröße), Kleister, Zeitungspapier
- Unterlage (Karton oder Platte, Größe DIN A4), Zeitungspapier
- eventuell einfachste Modellierwerkzeuge wie Pinselstiel oder Bleistift
- kleine Ausstattungs- und Präsentationsgegenstände (z. B. Ästchen, Schachtel, Körbchen, Schale, Eierkarton)
- weiße Dispersionsfarbe (Eimer), Wasser- oder Dispersionsfarben, Borstenpinsel

ARBEITSWEISE

1. Formen mit den Händen aus einem Papiermachéklumpen heraus. Das Ansetzen von Teilen sollte aus Stabilitätsgründen vermieden werden.
2. In das Obst können kleine Holzstöckchen als Stiel eingesteckt werden.
3. Die geformten Objekte auf Zeitungspapier zum Trocknen auslegen.
4. Grundieren der Objekte mit weißer Dispersionsfarbe aus dem Eimer. Bemalen der Objekte möglichst in den originalen Gegenstandsfarben.
5. Anordnen und Präsentieren.

ZEITAUFWAND

für die reine Formungs- und Modelliertätigkeit nur einige Minuten pro Objekt

HINWEISE/TIPPS

- Auf Grund der kurzen Formungstätigkeit sollte jeder Schüler/ jede Schülerin mehrere, auch unterschiedliche Figuren herstellen.
- Die Objekte sollten zum Trocknen und nach dem Grundieren auf Zeitungspapier gelegt werden. Das Papier lässt sich nach dem Trocknen leicht abreißen.
- Auch bei sorgfältigstem Glattstreichen des Papiermachés entsteht nach dem Austrocknen eine raue Oberfläche. Durch zusätzliches Ummanteln mit zwei Schichten Kleisterpapier erreicht man eine glattere Oberfläche.

WERKBETRACHTUNG

- Schülerarbeiten
- künstliches Obst, künstliche Blumen
- Augentäuscherbilder

ZIELVORSTELLUNG

Herstellung eines dreidimensionalen Bildes mit Hilfe aufgeklebter Figuren auf einer bemalten Grundfläche oder in einen bemalten Schachtelraum. Dabei geht es neben der Tiefenwirkung um die Gestaltung einer Szene (z. B. in einem Papier- oder Schachteltheater), die Raumaufteilung, um Standfestigkeit und Stabilisierungsmöglichkeiten.

MATERIAL

- festes Karton- oder Pappstück (Rückseite des Malblocks), Format mindestens DIN A4 oder Schuhschachtel, eventuell mit Deckel oder einen Karton
- dünner Karton, Tonpapierreste oder stärkere Buntpapierreste
- Farbstifte, Wasserfarben, Haarpinsel
- Schere, Klebstoff
- Wasserfarben, Deckweiß, Borstenpinsel
- eventuell zusätzliche Bau- und Ausstattungselemente (z. B. kleine Figuren, Naturmaterialien, Bildmaterial u. Ä.)

ARBEITSWEISE

Einzelarbeit
Partnerarbeit
Gruppenarbeit

1. Ausdenken einer Bildsituation mit mehreren Ausstattungselementen. Eventuell Präsentation eines fertig gestellten Klappbildes aus dem Hobby-/Bastelbedarf.
2. Abklären der Herstellungsweise: Figuren mit Standfläche (Klebefalz) auf bemaltem Grund, räumliche Staffelung.
3. Aufzeichnen und Bemalen der Figuren (Personen, Tiere, Pflanzen, Gebäude, Landschaftsformen) mit Standfläche.
4. Ausschneiden und Aufkleben der Figuren.
5. Situationsangemessenes Bemalen der Standfläche bzw. der Schachtelinnenseiten.
6. Eventuell weiteres Ausstatten der Szene mit weiteren Materialien.

ZEITAUFWAND

circa zwei bis drei Unterrichtsstunden

HINWEISE/TIPPS

- Die Figuren sollten relativ einfach ausgeschnitten werden können (Zeitfaktor).
- Die Standfläche/der Klebefalz sollte nicht zu klein gewählt werden und kann später übermalt werden.
- Thematische Anregungen: Puppenstube, Märchenszene, Indianerdorf, Gespensterszene, Dinoland, Sturm auf hoher See o. Ä.

WERKBETRACHTUNG

- Schülerarbeiten
- Bastelbögen, fertige Klappbilder

ZIELVORSTELLUNG	Ein alltäglicher Gebrauchsgegenstand soll mit unterschiedlichen Materialien in seinem Aussehen, seiner Wirkung und auch in seiner Funktion verändert werden. Anregungen für Veränderungsprozesse erhält man durch gemeinsame Überlegungen (Brainstorming). Vielfältige Kombinations- und Verbindungstechniken können angewandt werden.
MATERIAL	- Ausgangsobjekt: alte Stühle, Hocker, Beistelltischchen u. Ä. - dadurch, dass gezielte Veränderungen vorgenommen werden, muss das benötigte Material zunächst zusammengestellt und gesammelt werden - Klebstoff, Klebeband, doppelseitiges Klebeband, Schnüre, Wolle, Blumenbindedraht, Hammer, Nägel, Schrauben, Akkubohrer - eventuell Dispersionsfarbe und Borstenpinsel, farbige Papiere, Tapetenkleister
ARBEITSWEISE *Einzelarbeit* *Partnerarbeit* *evtl. Gruppenarbeit*	1. Entwickeln von Umgestaltungsideen aufgrund der Ausgangsobjekte. 2. Materialsammlung. 3. Ausgestalten des Objekts mit unterschiedlichen Verbindungstechniken. 4. Eventuell Bemalen des gesamten Objekts oder einzelner Teile bzw. Überarbeitung mit farbigen Papieren.
ZEITAUFWAND	insgesamt circa 1–2 Stunden (Die Arbeitszeit ist stark vom Material und technischen Aufwand abhängig.)
HINWEISE/TIPPS	- Für diese Arbeit ist Einzel-, Partner- oder Gruppenarbeit möglich. Größerer Bearbeitungsaufwand erfordert gemeinschaftliche Arbeit. - Die Aufgabe ist sehr stark von der „Ideenproduktion“ abhängig. Die Ideen sollten zunächst gesammelt werden: Ein Stuhl für eine Prinzessin, einen Clown, einen Fakir, ein eingepackter Stuhl, ein Herbststuhl, ein schlafender Stuhl usw. Erst dann werden gezielt Materialien und Werkzeuge zusammengestellt.
WERKBETRACHTUNG	- Schülerarbeiten - Stühle aus dem Kunstbereich: Stuhlkreationen von Ücker, Beuys, Tapies u. a. - Stühle aus dem Umweltbereich: Wohnzimmer, Esszimmer, Küchenstühle, Schulstühle: Sammlung aus Katalogen und Prospekten

ZIELVORSTELLUNG

Eine Sportlerin oder ein Sportler sollen zunächst zweidimensional entworfen oder mit Hilfe von Vorbildern übernommen und aus Pappe/Karton ausgeschnitten werden. Die Figur soll in einer bestimmten Position fixiert werden. Durch leichtes Verformen kann zusätzlich eine räumliche Wirkung erzielt werden.

MATERIAL

- für das Standgerüst/das Podest/den Sockel: ein Holzklötzchen, ein Brettabschnitt oder ein Pappstück circa im DIN-A4-Format
- stabile Pappe/Karton circa DIN-A4-Format
- Schere, Bleistift, eventuell Klebstoff
- möglichst dünne getönte oder farbige Makulatur- oder Transparentpapiere, etwas Tapetenkleister
- eventuell Deckweiß und Farben, Borstenpinsel unterschiedlicher Größe

ARBEITSWEISE

Einzelarbeit

1. Skizzieren/Aufzeichnen der Figur mit einem Knickfalz zum Aufkleben, Ausschneiden der Figur.
2. Auswahl eines Sockels oder einer Platte.
3. Aufkleben der Figur, eventuell kann die Standfestigkeit bzw. die Position der Figur durch weitere Pappstücke besser fixiert werden.
4. Ummanteln und zusätzliches Fixieren der Figur mit Kleisterpapier.
5. Eventuell einfarbiges oder mehrfarbiges Bemalen der Figur.

ZEITAUFWAND

circa eine Stunde ohne Bemalung

HINWEISE/TIPPS

- Die Pappe sollte noch relativ einfach von den SchülerInnen geschnitten werden können. Stellenweise eignen sich auch die nicht zu starken Rückseiten der Zeichen- und Malblöcke.
- Als Anhaltspunkte aber auch als Vorlagen können Sportlerfiguren aus Zeitungen und Zeitschriften ausgeschnitten oder als Zeichenvorlage übernommen werden.
- Namen für die Sportlerfiguren erfinden, Übertreibungen sind erwünscht, mögliche Aufstellungsorte erörtern.
- Präsentieren/Demonstrieren unterschiedlicher Gestik, Mimik und Körperhaltung mit dem eigenen Körper.

WERKBETRACHTUNG

- Schülerarbeiten
- Sportlerplastiken in der Kunst, z. B. A. Breker

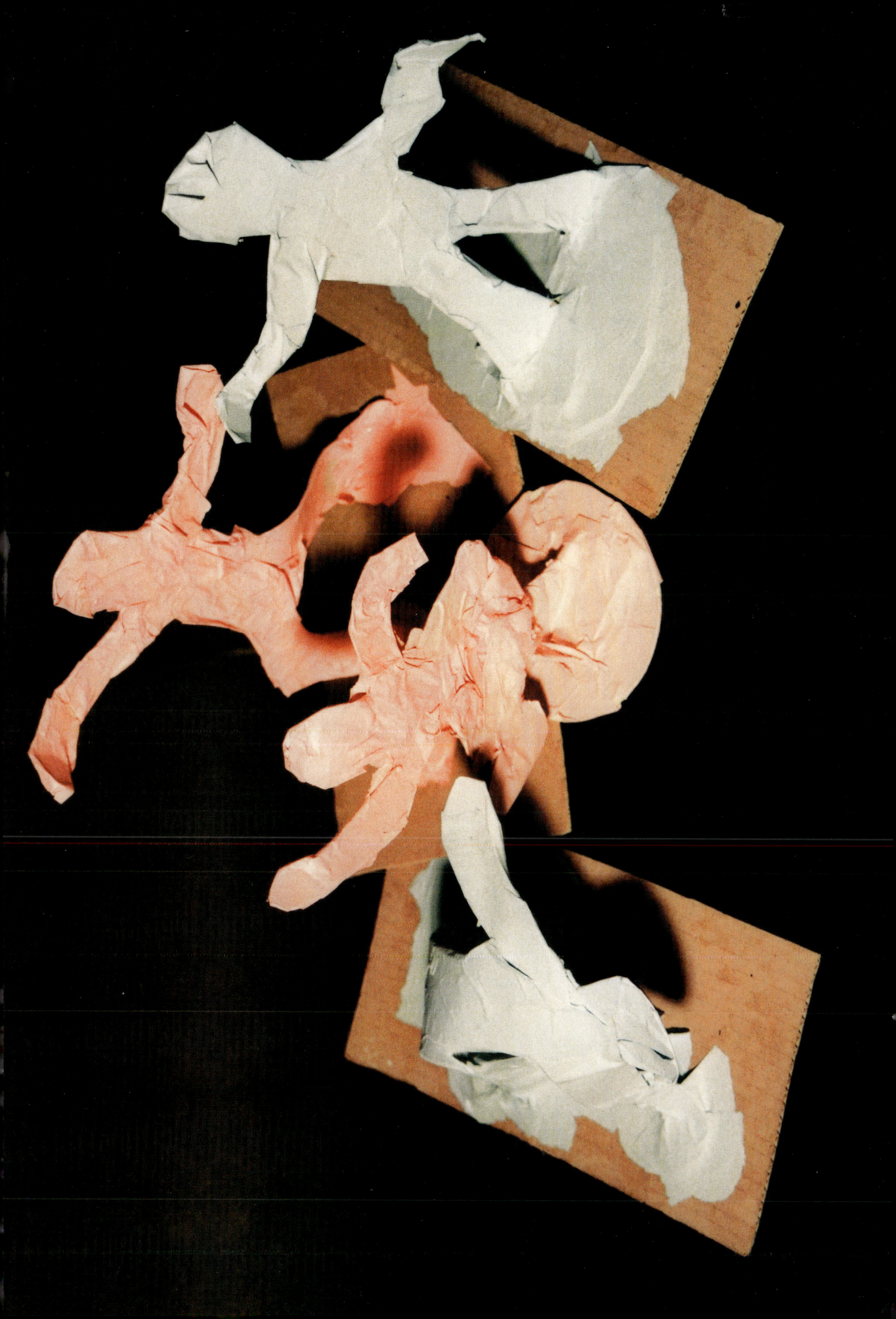